国家职业技能等级评价教材

互联网营销师

（通用知识）

中国轻工企业投资发展协会　编著

主　编　张　华

副主编　丁其元　钱文韬

参　编　王鸿翔　土　芝　何　娜　郝雨桐　张程鹏

中国轻工业出版社

图书在版编目（CIP）数据

互联网营销师：通用知识 / 中国轻工企业投资发展协会编著. —北京：中国轻工业出版社，2024.7
国家职业技能等级评价教材
ISBN 978-7-5184-3939-3

Ⅰ. ①互… Ⅱ. ①中… Ⅲ. ①网络营销—职业技能—鉴定—教材 Ⅳ. ①F713.365.2

中国版本图书馆CIP数据核字（2022）第055106号

责任编辑：崔丽娜　李金慧　　责任终审：李建华
整体设计：锋尚设计　　责任校对：吴大朋　　责任监印：张　可

出版发行：中国轻工业出版社（北京鲁谷东街 5 号，邮编：100040）
印　　刷：三河市国英印务有限公司
经　　销：各地新华书店
版　　次：2024年7月第1版第3次印刷
开　　本：787×1092　1/16　印张：10
字　　数：250千字
书　　号：ISBN 978-7-5184-3939-3　定价：48.00元
邮购电话：010-85119873
发行电话：010-85119832　　010-85119912
网　　址：http://www.chlip.com.cn
Email：club@chlip.com.cn

241155J4C103ZBQ

教材编审委员会

互联网营销师国家职业技能等级评价教材

总　序

为加快建立劳动者终身职业技能培训制度，大力贯彻落实职业技能提升行动，推进行业技能人才评价制度改革，进一步规范行业培训管理，提高培训质量，依据中国就业培训技术指导中心《关于印发国家职业技能标准制定工作计划的通知》（中就培函〔2020〕24号）、中国轻工业联合会《关于落实〈国家职业技能标准制定工作计划（2020—2022年）〉的通知》（中轻联工艺发〔2020年〕1号）等文件的要求，中国轻工企业投资发展协会在组织有关专家主笔制定《互联网营销师国家职业技能标准（2021年版）》（以下简称《标准》）工作的基础上，同步编写了《互联网营销师国家职业技能等级评价教材》（以下简称《等级教材》）。

互联网营销师等级教材对照《标准》编写，内容上突出职业能力优先的编写原则，结构上按照职业功能模块分级编写。该等级教材共包括《互联网营销师（通用知识）》《互联网营销师（初级工/五级）》《互联网营销师（中级工/四级）》《互联网营销师（高级工/三级）》《互联网营销师（技师/二级）（高级技师/一级）》，共5本。《互联网营销师（通用知识）》是各级别互联网营销师均需掌握的基础知识，其他各级别教材内容为各级别互联网营销师应掌握的本级别理论知识和操作技能。

本教材是互联网营销师等级评价教材中的一本，是职业技能等级评价推荐教材，也是职业技能等级评价题库开发的重要依据，适用于互联网营销师职业技能等级评价培训和中短期职业技能培训。

互联网营销师等级教材在编写过程中得到了中国轻工业联合会的指

导，以及中国轻工业联合会轻工业职业能力评价中心、大国匠心（北京）科技有限公司、匠心引力（北京）科技有限公司、中国新高教集团有限公司、云南工商学院、贵州工商职业学院、洛阳科技职业学院、北京零度创意文化中心、北京豌豆尖文化科技有限责任公司、北京开拓明天科技股份有限公司、长沙三赞文化传媒有限公司、中思智数教育科技有限公司、成都锦城学院直播商学院、快手金视商商学院、杭州鲲鹏宇翅文化传媒有限公司、深圳市玺承文化传播有限公司、深圳市大鹅科技有限公司、北京领训教育咨询有限公司等单位的大力支持与协助，在此一并表示衷心感谢。

中国轻工企业投资发展协会

2022年3月15日

前　言

“宅经济”催生了直播电商行业的发展，而互联网营销也成为新风口。各大头部主播，场场销量惊人；各路明星网红，也前来直播间客串；各地政府官员也纷纷成为了本地的“代言人”，推销起各地的产品；就连商业界的知名企业家们，也亲自上阵直播，卖起自家的产品……除此之外，那些在线下实体经济遇冷的商家们，也仿佛抓住了救命稻草，纷纷开启直播带货模式。一时间出现了“人人皆主播，万物皆可卖”的局面。

互联网营销的高速增长，很大程度上是“无序”的环境导致的，混乱的行业环境在促成众多品牌、MCN机构（多频道网络平台）和主播们的野蛮生长的同时，也成为制约行业发展的绊脚石。由于主播们在专业能力和职业素养上参差不齐，虚假宣传、数据造假等乱象也层出不穷，因此互联网营销行业急需科学严明的从业规范。2021年底，部分网红主播被曝出偷税漏税，其中暴露出来的核心问题，主要还是主播们合理、合法、合规持续经营的意识和知识的匮乏。虽然直播带货行业亟待解决的问题众多，离规范化还有不小的距离，但所有人需要做的是顺势而为、因势利导，建设和打造直播电商行业的健康生态，促进行业正向发展。直播电商的本质还是回归商业，商业的本质是产品与客户需求的高度匹配，所以行业发展的趋势是商品供应链的比拼，客户运营能力的比拼，以及团队核心运营能力的比拼。

为促进劳动者就业创业，助力企业复工复产，受人力资源和社会保障部委托，中国就业培训技术指导中心面向社会公开征集关于促进就业的新职业信息。2020年3月10日，应中国就业培训技术指导中心要求和中国轻工业联合会的部署，中国轻工企业投资发展协会启动了“互联网营销师”的申报组织工作；2020年5月11日，人力资源和社会保障部发布的《关于对拟发布新职业信息进行公示的公告》中公示了互联网营销师的相关职业信息。2020年6月28日，人力资源和社会保障部会同国家市场监督管理总局、国家统计局，联合颁布包括互联网营销师在内的《关于发布区块链工程技术人员等职业信息的通知》。2021年11月15日，人力资源和社会保障部、中央网信办、国家广播电视总局共同发布了《互联网营销师国家职业技能标准》。

严格的规范不仅让职业更专业，也能够让行业更健康。在最新出炉的《互联网营销师国家职业技能标准》中，清晰划分了互联网营销师的工种与等级，严格设置申报条件与考核流程。在互联网营销师的职业守则中，更是写入了“严控质量”“诚实守信”“遵纪守法”等职业精神要求，全方位敦促互联网营销人员强化专业技能，优化自身素养，树立职业道德。互联网营销师的入门“门槛”高了，行业从业人员总体素养上去了，互联网营销行业的综合实力才能增强。

本书立足于“行业与职业的发展现状”“计算机基础”“现代通信”“商品基础”“现代物流”“客户关系管理”等相关内容，系统地汇集了互联网营销师所需掌握的基本技能及基础知识，结合编者多年的互联网运营与直播营销的经验，以通俗易懂的语言，把互联网营销的重难点知识进行抽丝剥茧，精练浓缩成此书，主要适用于欲考取互联网营销师资格证的相关人士，可作为专业教材使用。当然，限于各种因素，本书在许多细节上还有进一步完善的空间，编著团队欢迎热心的读者提出宝贵的意见。同时，本书引用了一些专家学者及相关人士的观点，在此对他们表示衷心的感谢和崇高的敬意。

编者

目　录

第1章

行业与职业

1.1 行业发展

1.1.1 腾飞中的中国轻工

2020年3月10日，应中国就业培训技术指导中心要求和中国轻工业联合会的部署，中国轻工企业投资发展协会启动了“互联网营销师”的申报组织工作。

2020年6月28日，人力资源和社会保障部、市场监管总局、国家统计局联合发布9个新职业。互联网营销师成为国家新职业，并录入《中华人民共和国职业分类大典》。新职业的发布，在进一步规范互联网行业的市场行为，起到宏观管控作用的同时，直接促成当地就业率的提高。

互联网营销师是基于市场消费及生产商的销售需求，运用数字经济和互联网信息技术，将生产、流通、消费、结算和物流等几个环节融会贯通，通过线上购物、短视频营销和直播带货等多种形式，使企业的产品跨越时空和区域行销全国，扩展了消费渠道，促进了市场营销，迅速构建了“互联网+”的新型消费生态体系。

轻工业作为重要的消费品工业，一直是促进国内国际双循环的主力军，涉及居民生活吃、穿、住、行、娱、教、乐等多个方面，目前互联网营销的产品基本都是轻工业的产品，集中体现在食品和日用消费品两个类目。互联网营销师职业的设立，有利于健全从业人员的素质化教育，行业规范化的建设和进一步满足净化网络商业环境的需要，并从源头上解决企业销售成本过重、账期过长、资金回笼缓慢和发展资金不足等问题；同时也会释放大量的价格红利于市场，刺激消费购买力；对企业销售渠道的开拓，地方就业率的提升和税收的稳定，均有积极作用。

（1）互联网营销师的定义

互联网营销师，是指在数字化信息平台上，运用网络的交互性与传播公信力，对企业产品进行多平台营销推广的人员。

（2）互联网营销师的主要工作任务

①研究数字化平台的用户定位和运营方式。

②接受企业委托，对企业资质和产品质量等信息进行审核。

③选定相关产品，设计策划营销方案，制定佣金结算方式。

④搭建数字化营销场景，通过直播或短视频等形式对产品进行多平台营销推广。

⑤提升自身传播影响力，加强用户群体活跃度，促进产品从关注到购买的转化率。

⑥签订销售订单，结算销售货款。

⑦负责协调产品的售后服务。

⑧采集、分析销售数据，对企业或产品提出优化性建议。

1.1.2 电商的活跃表现

2020年，线下实体经济按下了“暂停键”，但与此同时，互联网凭借着跨越时空的优势，使得线上经济火速燎原，直播电商成为了意外曙光。

1.1.2.1 直播电商行业的发展历程

（1）红利期

随着智能手机及移动互联网的快速发展，2016年中国迎来了移动直播的风口，当时直播的内容是以泛娱乐、游戏、秀场直播等形式为主，平台以及主播的变现方式以“打赏”为主。随后，淘宝、京东、蘑菇街等主流电商平台率先开始探索“电商+直播”的新模式，借助当时直播流量的红利，使国内直播电商体系初步成型。

（2）蓄势期

2017年，淘宝、蘑菇街等电商平台开始着手孵化直播红人体系、整合供应链，许多知名带货主播就是在这个时期快速成长起来的。随着短视频平台的兴起，不止电商平台，抖音、快手、美拍等短视频直播平台也开始“试水”直播电商，而与此同时衍生的专注服务于电商直播行业的MCN机构（多频道网络平台）也迅速成长起来。这一时期标志着直播电商行业开始逐步向精细化运营发展。

（3）爆发期

2018—2019年，直播电商行业迎来首个大规模爆发期。直播带货GMV（商品交易总额）暴增，抖音、快手领跑引入明星主播，同时发展乡村直播，影响辐射了大量人群。各大平台加足马力培养红人，加大力度流量扶持。拼多多、小红书、知乎等平台相继上线了直播功能，直播逐渐成为各大互联网平台的“标准配置”，此时直播电商的赛道已经全面打开。

（4）持续发展期

2020年至今，直播电商行业进入持续发展阶段。海量的用户流量涌向直播平台，直播用户突破5亿。直播被应用到了教育、办公、医疗等行业，直播电商行业也迎来更快速的增长。标志性变化是“草根”主播的崛起和各领域品牌自播的发展和深耕。至此，直播电商行业的万亿市场被彻底激活。

互联网行业发展进入下半场，而直播电商却势头正盛。截至2020年12月，国内直播电商用户规模达到3.88亿人，占整体网民的39.2%；2019年国内直播电商行业总规模达到4338亿元，2020年市场规模超9700亿元，2021年市场规模约为13165亿元。①

① 新浪网：2020年度直播电商行业网络关注度分析报告。

1.1.2.2 直播电商的发展趋势

（1）规范化

在线直播行业得到了突飞猛进的发展，而电商带货直播，更是经历了前所未有的辉煌。但是，在带货平台疯狂的涌现之际，行业内也出现了一些令人担忧的问题。

明星带货商品质量参差不齐、主播带货虚假发货等，直播带货的商品出现质量问题屡见不鲜。各地政府开始介入管理，监管部门将主要从直播人员的言行、直播产品的品质，以及主体责任落实等方面切入监管。

（2）多样化

直播电商的快速发展，一方面是因为2020年形式的催化，而另一方面在于它带来的这种全新购物模式，提升了消费者的购物体验。

随着5G时代的来临，未来的直播电商场景将会更加丰富，在主播为消费者答疑解惑的同时，还能为消费者带来更加切身的体验感。随着新科技的加入，未来的直播带货，将不限制场景、不限制产品，甚至不限制线上线下的购物壁垒，为消费者带来更直观、更真实的购物体验。

（3）专业化

直播带货发展至今，经历了一段十分混乱的时期，直播带货百花齐放，但同时，带货的产品质量以及主播的专业素养高低有差，这也导致了一些消费者的观看体验并不理想。因为消费者对于购物早已不再局限于过去那种只满足日常所需了，而是在日常所需的基础上再进行筛选，简单来说，大家要的不仅仅是产品，而是服务+产品。①

1.2 职业认知

1.2.1 就业趋势与职业工种

1.2.1.1 就业趋势

互联网营销师作为一种信息技术发展、社会交往变迁与生活方式改变等众多要素集中作用的新型职业形态、社会职业类别，代表了商业发展的新阶段与新趋势。信息技术的发展仍

① 搜狐网：行业主播数量超1.3亿人，在线直播有多疯狂？市场规模已超万亿元。

未停歇，社会大众的信息传播与人际交往也处于时刻变化之中，流动性强、情境性高与个性化显著等特征成为未来消费发展的新趋势。网络的融合性、开放性、技术性、无限性与多中心性等特点使得互联网具有比线下商业更具包容与吸纳的功能，其对产业的带动融合、对产业与用户的连接融通的潜力更加强大。网络经济与网络销售显示出对比线下经济在跨时空能力、节省流动成本、提升经济成交效率等多方面功能。2020年9月22日，中国轻工业联合会会长张崇和在“互联网营销师新职业”新闻发布会上的讲话中指出：“在‘互联网 +’行动计划推动下，互联网与经济社会广泛融合，传统产业不断升级，业态模式大力创新。截止到2021年6月底，中国网民规模破10亿，据相关统计，中国互联网营销从业人员已超过1000万人，并以每月8.8%的速度持续快速增长。互联网营销发展前景将更加广阔，推动经济发展的作用将愈加明显。”[①] 这一切都预示着互联网营销在未来的发展趋势将会更加普及与灵活。

1.2.1.2 就业趋势成因分析

（1）生存方式的信息化、网络化与社群化

诞生于20世纪兴盛于21世纪的互联网信息技术，目前已经发展成为融合多种行业、跨越多个领域、承担多种功能、扮演多重角色的信息引擎。网络信息技术与终端移动技术等的发展催生了现代人网络化生活与视听性交互的新生存方式。根据网络视听节目服务协会在成都发布的《2020中国网络视听发展研究报告》显示，截至2020年6月，我国网络视听用户规模达9.01亿，短视频以人均单日110分钟的使用时长超越了即时通信。[②]不得不说，大众生活呈现出与20世纪迥异的形态，信息化、网络化与社群化成为其鲜明特征：信息交互，无处不在，跨时空的个体与个体连接随时发生，现代人每日的生活、工作与学习时刻处于高度的信息交互中，信息交互的终端——具有高度便携性与随身性的智能手机具备了强大的文字、图片、声音与视频等各类信息的接收、发送与处理功能，其成为人们信息化生活的强大应变保证；网络成为人们必不可少的生存资源，网络的使用已经全面渗透进个人的吃穿住用行领域，成为保证正常生活、工作与娱乐不可或缺的工具；网络传播使得各类音视频社交平台，如微信、微博、抖音、快手等，成为人们联系与交往的主要平台，以往的人际社交主场从线下移至线上，海量的经济、文化、政治与社会信息在各大社交平台、空间中高速流通，每一个社交平台、空间形成了网络虚拟的社群，成为一个信息交汇与扩散的枢纽。这三个特点，成为互联网营销师就业增长的重要基础。生存方式的变化催生了网络化的经济消费、文化消费与社会消费，而营销师恰恰是产业与消费者、商品与销售、平台与用户之间最具活力与最具识别性的符号。

---

① 张崇和．在“互联网营销师新职业”新闻发布会上的讲话［J］．轻工标准与质量，2020（5）：8.

② 陈琳琳．中国直播平台：现状、挑战与建议［J］．新经济导刊，2020（4）：44.

（2）社会交往人际化、品牌印象人格化

20世纪是广播电视时代，是一个大众传播时代。机构、团体的形象是社会品牌认知与商品品质识别的主要依据。人们对商品、对服务的质量、信誉等商品价值的认定往往取决于其生产厂家和其广告所在媒体的性质。21世纪，随着网络信息技术的迭代，人与人之间实现了逼真的、即时的、全息化音视频连接，也就是视听的常态化交流。此时“人”的重要程度大大彰显。人的“IP”功能、品牌效应一度超越机构、超越团体，成为首要因素。人们对媒体中真实的人格魅力、人格形象所形成的信誉度、号召力认可成为了对品牌的认可。这其实是人类本性的复苏，人与人的传播才是生动、鲜活而充满可能的。每一个信息接收的个体，每一个销售对象，在传播中都渴望与传播者产生人与人之间的那种真实而确定的连接，并因为这种连接而产生对其主张与观点的认可，因此诞生了一种网络信任经济、网络关系经济。消费者和销售商品的人之间的情感、关系、信任的建立，成为销售的重要因素。这是互联网营销师就业趋势中“人”的原因。

（3）大众需要场景化的“消费狂欢”

有研究从社会、心理与信息角度深度揭示了直播经济迅速蹿红的时代原因：网络空间恰好为寻求自我认同、获得安全感、归属感与确认的人群提供了暂时的心理补偿。直播空间将时间从连续的现实流动中抽取出来，空间被数字化建构、人物身份与形象等被自我设定，构成个体外部感知的要素：时间、空间与自我得以与现实区隔，其不仅“改变了人们的时空感知，重塑了时空观”，也产生了“空间自生产”的效应——空间内部结构与秩序的搭建。在这种异质于现实场景的空间里，用户在特定的社群结构与秩序中获得自我认同与稳定感，此时发生的点赞、刷礼物、文字交流、视频连麦等行为本身具有了隐喻性，购买行为本身就构成了目的。可以说，正是社会运行形态的变迁所形成的大众心理需求，被网络提供的时空场景、社群交互与隐喻性意象所满足，大众的现实紧张感、空洞感与焦虑感得到了即时疏解，才形成了今天直播带货中的“消费狂欢”。

通俗地说，由于现代社会的压力增大，高度竞争社会的个人成就感缺乏，城市生活空间导致的个体人际交往减少等，让社会成员市场处于一种希望得到认可、释放自我和躲避孤独的状态中，网络直播空间的交流给每一个用户提供了一个虚拟的社区、一个数字化的交流空间，通过这种交流可以排遣寂寞、获得交流与证明自我。因此，从心理和社会层面，人们也看到了互联网营销师在销售、互动的同时，给社会带来的积极的社会心理疏导与压力释放功能，这也是行业本身持续发展与拓展的内在动因。

（4）技术发展的“必然”

互联网营销、直播营销的诞生，其背后是信息技术与互联网技术等多种科技革命的推动。科学技术是第一生产力，因而其底层逻辑是生产力的发展引起的生产关系与商业形态的变革。世界著名科技杂志《连线》创始主编、Cyber-Culture（网络文化/赛博文化）的发言人与观察者凯文·凯利在其互联网三部曲之《必然》中揭示，在信息科技的推动下，“更多的流动、共享、追踪、使用、互动、屏读、重混、过滤、知化……成为人们生活方式、生产方式的变化趋势。"[①] 互联网直播营销很多特点都符合这种技术发展的未来必然趋势：流动化、移动化的消费与社交过程，互动化、交流性的直播间消费，与社交、娱乐等重混的、融合的互联网销售，屏读化、人机交互性的信息处理，有着信息过滤与把关意义的直播营销员推广与介绍……因此，当下互联网营销的迅速兴盛是带有"革命"意义的销售模式、商业模式更迭，未来其持续的发展与普及也是一种历史的"必然"。

1.2.1.3 就业趋势未来展望

以"直播带货"为代表形态的互联网营销师主导的商业形态，目前已经呈现出了其对众多行业、领域的带动引领功能，同时也显现出了其独特的营销潜力与影响力。例如，有研究分析了其对乡村振兴起到的"拓宽了农产品销售渠道""增加乡村就业机会""拉近产销双方的距离""成本更为低廉"等多种功效；[②] 还有研究针对消费欲旺盛的青年消费心理与信息习惯研究发现，"直播带货通过视听化叙事、生产消费符号的方式，让符号消费成为青年一种精神消费习惯。青年群体往往认为人生最大的意义和乐趣是消费符号带来的精神享受，通过消费这些符号化商品所象征和代表的意义、心情、美感，寻求身份认同。商家和主播助推直播带货中网络世界的符号狂欢，符号营造的'想象完美'让青年花费更多的时间去跟随意见领袖引领的消费浪潮，在消费中缓解焦虑，享受网络世界消费带来的符号狂欢。"[③] 从2020年开始，已经有多家互联销售头部企业、大型零售业、一线服务业与多家航母型轻工业企业都加入了"直播带货"的大潮，布局未来发展。这些都预示着，互联网营销师就业的前景与未来可期，那么其就业趋势未来会有哪些可能的变化呢？

（1）人才缺乏将是长期存在的问题

2020年以来，不少针对互联网营销、直播带货的研究都提及直播带货中带货主播人才的缺乏。2020年，互联网营销人才需求约1500万人，人才缺口约1000万人。人社部曾预测，到2025年，人才需求将达到约4500万人，互联网营销师人才缺口约在4000万人左右。互联网营销师本身是一个交叉性、多元性与多能型人才，其知识储备、能力素养与职业要求具有多面性、多维性与多变性。随着直播经济、互联网经济的发展，信息新技术的更迭等，行业对相关人才的需求也在不断变化，对优秀人才的需求将一直处于不满足状态。优质货品、社会需求与人才缺乏的矛盾将长期存在，这为后续有志于从事互联网营销的人们提供了机会。

（2）优胜劣汰将带来多次行业洗牌

互联网经济与信息产业本身具有迭代的天性，技术与市场的变化永无止境，商业的优胜劣汰法则使得互联网营销师的竞争必将是常态化存在，"就业池"不会饱和、也不会绝对平

① 凯文·凯利. 必然［M］. 周峰，董理，金阳，译. 北京：电子工业出版社，2016：339.

② 赵玲，高永琪. 直播带货对乡村发展的助力［J］. 商业文化，2021（6）：50.

③ 薛晓燕，孙天昊. 符号消费：直播带货对青年消费行为的影响［J］. 声屏世界，2020（9）：15.

衡，始终处于动态平衡与此消彼长的竞争流动状态。因此，未来的头部主播也好、行业黑马也好，都会因变而变，行业洗牌也会是常态化，新崛起的人气营销师取代“前浪”是这个行业的正常运行规律。

（3）专业化、系统化与制度化行业系统将日趋成熟

互联网营销师作为新的职业，还处在培育期、成长期，相关的专业建构、行业规范、职业资质评价等都未成形。未来这个行业将从零散、偶然、混杂逐渐走向系统化、制度化，行业的专业性也会随之形成，与之相应的知识体系、教育体系与能力体系等都将陆续建立，人才从选拔、培养到实践就业等，将逐步规范。

（4）用户群体拓展

有关统计显示，目前直播经济的用户群主要集中在30岁以下的年龄群体，这与大众的网络使用、知识结构与消费习惯等均有关系。作为互联网原住民的一代，接触直播带货较为自然。而今后随着更多网络原住民的成熟，互联网营销师所对应的消费群体、用户群体必然有拓展的较大空间。

1.2.1.4 职业工种

根据国家人力资源和社会保障部发布的《关于发布区块链工程技术人员等职业信息的通知》（以下简称《通知》），互联网营销师的界定为：在数字化信息平台上，运用网络的交互性与传播公信力，对企业产品进行多平台营销推广的人员。

从《通知》来看（图1–1），互联网营销师显性的职能范围是“搭建数字化营销场景，通过直播或短视频等形式对产品进行多平台营销推广；提升自身传播影响力，加强用户群体活跃度，促进产品从关注到购买的转化率”以及“负责协调产品的售后服务”，其他的职能范围都是隐藏在直播间主播行动之外的工作。因此，互联网营销师这个工种具有“台前”与“幕后”的双重属性，不能简单地将其界定为直播带货的“主播”，或者直播销售人员。这也是《关于对拟发布新职业信息进行公示的公告》之所以说“本职业包含但不限于下列工种：直播销售员”的原因。

目前，《互联网营销师国家职业技能标准》中，将该职业分为选品员、直播销售员、视频创推员和平台管理员四个工种。四个工种共同为产品的互联网营销服务构成一个营销整体。四个工种虽然同属于互联网营销师范畴，但是在具体的工作内容、技能要求上有相对明显的差异。以下分析每一种工种的要求与特征。

①选品员：在产品选择、产品卖点提炼、商务谈判、直播流程设计中参与实施管理。

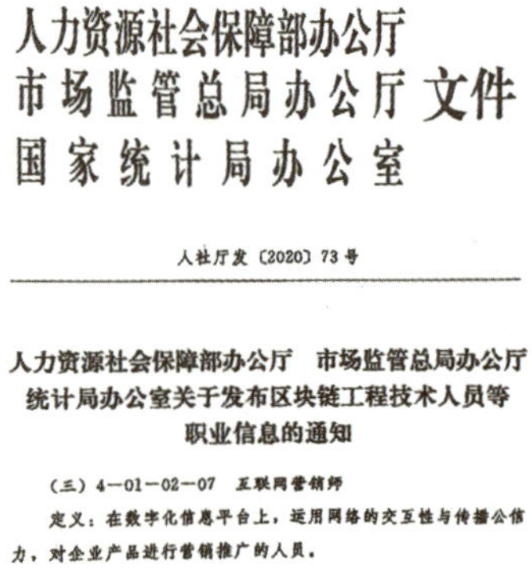
人力资源社会保障部办公厅
市场监管总局办公厅 文件
国家统计局办公室

人社厅发〔2020〕73号

人力资源社会保障部办公厅　市场监管总局办公厅
统计局办公室关于发布区块链工程技术人员等
职业信息的通知

（三）4—01—02—07　互联网营销师

定义：在数字化信息平台上，运用网络的交互性与传播公信力，对企业产品进行营销推广的人员。

图1–1 《关于发布区块链工程技术人员等职业信息的通知》

选品员重点完成《通知》中的第1、2、3项工作内容，具体为：研究数字化平台的用户定位和运营方式；接受企业委托，对企业资质和产品质量等信息进行审核；选定相关产品，设计策划营销方案，制定佣金结算方式。其根据直播平台的风格属性、运行特点、用户特征和功能机制，对所适合的商品、服务进行挑选，并对所挑选的货品货源、产品品质、厂家资质等关系到质量的因素把关，获取真实可靠的相关信息。最后，针对用户喜好与平台定位，对货品进行取舍、规划与组织。选品员须完成直播营销前期的资源准备与品质准备，保障后续实际进行的直播顺利进行。

选品员需要具有较强的市场营销与产品规划能力，具备营销学、管理学、传播学、法学以及广告学的相关基础知识储备，熟悉互联网传播规律，对基于网络的信息传播机制、大众媒介使用规律、市场供求信息、消费者习惯等方面具有一定的学习、研究、整理与总结的能力。

②直播销售员：在直播过程中，针对企业产品进行宣传推广以及直接的直播营销。

直播销售员是互联网营销师“台前”工种，是用户和大众最为熟悉的角色。直播营销员需要了解所推广的货品的详细情况，掌握平台目标用户的大致分布情况，与其他工种一道确定营销的流程、主体话语和主要环节等。在直播中，直播销售员不仅要对产品做出详细而具有特色的介绍，满足用户对产品的各方面信息了解，向潜在用户较好地表达体验感，还要通过交流与沟通与用户建立起良性和谐的互动关系，通过自身的人文形象、人格魅力与个性特征来获得用户的记忆与好感，从而为直播营销更好地开掘关系经济、情感经济与信任经济的内在价值。

直播销售员需要有较强的外部表达能力、即兴语言组织能力、信息统合能力、内容整理能力、沟通交流能力和形象塑造等多种能力，外在的形象、内部的思维、语言与嗓音、广泛的知识储备与丰富社会阅历等，是直播销售员需要具备的素养。这一切都高度影响着直播营销的效果。

③视频创推员：通过短视频的创作及推广，为后续的直播销售充分预热及赋能，并进一步地开展用户互动工作。

视频创推员是直播营销的引流推广部分，为直播营销的推广、影响力的提升与实际效果的产出做好后续工作。视频创推员需要对直播营销的产品、平台的定位与用户的喜好等有较深入的了解，能够结合营销、传播与产品等进行视频的创作，保证其传达出的意境、象征、诉求、理念与场景等，符合产品属性、平台定位与用户接受习惯，通过短视频的推广来赢得忠实用户，强化提升平台用户黏性。

短视频创作是具有编导技艺与视觉艺术能力的素养，需要具有视听语言传播、摄像录音、视频编辑和制作、音视频接受规律和互联网传播原理等多方面的知识储备和技能素养。视频创推对多媒体技术与各类信息，如文字、图片、图像等具有统合与加工处理能力，能够充分调动这些资源来为平台的推广服务。

④平台管理员：直播前，配合完成直播间硬件设备搭建、联调工作；直播过程中，通过技术手段进行后台管理，包括账号管理、数据监控，并通过分析指导进一步的直播销售过程；直播后，从互动和数据的维度促进团队做好直播的售后与复盘。

平台管理员是一个综合能力要求较高的工种，重点完成《通知》中的第1、6、7项工作内容，具体为：研究数字化平台的用户定位和运营方式；签订销售订单，结算销售货款；负责协调产品的售后服务。核心职能偏重于信息技术、计算机技术的工种，其不仅熟悉互联网营销的规律，还有对技术支撑相关内容非常了解。平台管理员需要从大数据分析、信息加工处理、直播间呈现的视听效果、用户活跃指数、交互信息流分析和其他相关数据的搜集整理等多角度对直播营销的运行提供技术的支持与整体维护，一定程度上需要对直播结果负责。

平台管理员需要具备计算机应用、程序应用、视听硬件技术、大数据采集与处理以及营销基础知识等素养。在能力与素养上具有一定的交叉性。

1.2.2 职业守则与道德规范

1.2.2.1 职业守则

（1）明确法律责任

自然人和组织机构利用互联网平台开展营销活动，应当严格按照有关要求，落实网络实名制注册账号并规范使用账号名称。

互联网营销师依法依规开展网络直播活动，不得从事危害国家安全、破坏社会稳定、扰乱社会秩序、侵犯他人合法权益、传播淫秽色情信息等法律法规禁止的活动；不得超许可范围发布互联网新闻信息；不得接受未经其监护人同意的未成年人充值打赏；不得从事平台内或跨平台违法违规交易；不得组织、煽动用户实施网络暴力；不得组织赌博或变相赌博等线上线下违法活动。

（2）强化行为规范

互联网营销师开展互联网营销活动时，应当严格遵守法律法规，文明互动、理性表达、合理消费；不得发布、传播违法违规信息；不得组织、煽动对其他人员的攻击和谩骂；不得利用机器软件或组织“水军”发表负面评论和恶意“灌水”；不得营造斗富炫富、博取眼球等不良互动氛围。

（3）引领主流价值

互联网营销师是职业性的互联网工作者，应当坚持把社会效益放在首位、社会效益和经济效益相统一，强化导向意识，大力弘扬社会主义核心价值观。

互联网营销师在互联网上运用网络的交互性与传播公信力，对企业的品牌及产品进行营销推广时，要本着基于促进我国产品高质量发展的核心目标，不进行虚假宣传，并且进一步将消费的购买情况实际地反馈给企业，促进企业进一步发展。

（4）切实维护消费者权益

互联网营销师在互联网上对企业的品牌及其产品进行营销推广时，要将消费者的权益放在首位，在样品体验阶段、产品讲解阶段、产品售后跟踪阶段，充分把好质量关，切实保护好消费者的实际利益。

充分保障消费者的知情权、选择权和隐私权等合法权益；依法依规引导和规范用户合理消费、理性打赏；依法依规留存直播图像、互动留言等记录；加大对各类侵害消费者权益行为的打击力度，切实维护互联网营销师行业秩序。

1.2.2.2 道德规范

①遵纪守法，诚实守信；

②恪尽职守，勇于创新；

③钻研业务，持之以恒；

④严控质量，信誉为本；

⑤服务热情，及时反馈；

⑥坚守原则，弘扬正气。

1.2.3 职业技能与资格证书

（1）职业技能等级

本职业技能共设五个等级，分别为：五级/初级工、四级/中级工、三级/高级工、二级/技师、一级/高级技师。

根据实际情况，本职业分为四个工种（职业方向）：选品员、直播销售员、视频（短）创推员、平台管理员。其中，平台管理员只设三个等级：五级/初级工、四级/中级工、三级/高级工。

（2）技能等级证书

中国轻工业联合会是人力资源和社会保障部批准的国家级第三方社会评价组织，中国轻工企业投资发展协会是中国轻工业联合会批准的行业评价总站。凡年龄满18周岁，遵纪守法，品德良好的中国公民，均可向中国轻工企业投资发展协会提供有效身份证件信息，缴纳一定的培训、考试费用，成绩合格者即可在考后取得官方统一监制的“互联网营销师”职业能力评价证书（图1–2）。

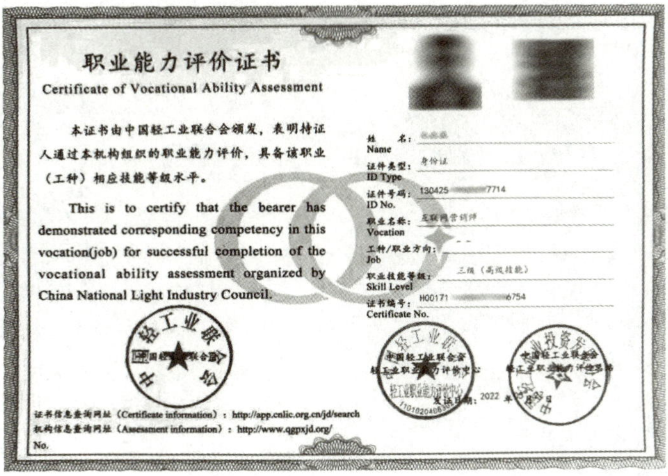
职业能力评价证书
Certificate of Vocational Ability Assessment
本证书由中国轻工业联合会颁发，表明持证人通过本机构组织的职业能力评价，具备该职业（工种）相应技能等级水平。
This is to certify that the bearer has demonstrated corresponding competency in this vocation(job) for successful completion of the vocational ability assessment organized by China National Light Industry Council.
姓　名：[redacted]
Name
证件类型：身份证
ID Type
证件号码：130425[redacted]7714
ID No.
职业名称：互联网营销师
Vocation
工种/职业方向：— —
Job
职业技能等级：三级（高级技能）
Skill Level
证书编号：H00171[redacted]6754
Certificate No.
发证日期：2022 年
证书信息查询网址（Certificate information）：http://app.cnlic.org.cn/jd/search
机构信息查询网址（Assessment information）：http://www.qgpxjd.org/
No.

图1–2　职业能力评价证书

第 2 章

计算机基础

2.1 计算机硬件设备

2.1.1 计算机发展和类型

计算机是一种能快速而高效地自动完成信息处理的数字化电子设备。随着信息时代的到来，计算机已经成为人类活动中不可缺少的工具。

2.1.1.1 计算机的发展历程

计算机原意为“计算”的机器，这是发明者当初为计算目的而设计的。而发展到今天，它的触角延伸向了社会的各个领域，对推动当今物质文明的进步起着非常重要的作用。

在计算机的发展过程中，1847年英国数学家布尔（Boole）创立了布尔代数，奠定了计算机进行逻辑运算的基础。1936年英国科学家艾兰·图灵（Alan Mathison Turing，1912—1954）发表了题为《论可计算数及其在判断问题中的应用》的著名论文，奠定了计算机的理论和模型基础。对数字计算机的一般结构、可实现性和局限性产生了深远影响。数学家冯·诺依曼（Von Neumann）确立了现代计算机的基本结构，被称为冯·诺依曼结构。其主要特点为：

①计算机由五大部件组成：运算器、控制器、存储器、输入设备和输出设备；

②在计算机中，所有信息都采用二进制编码来表示；

③计算机采用存储程序的工作原理。

（1）第一台电子计算机

世界上第一台数字式电子计算机是于1946年由美国宾夕法尼亚大学的物理学家约翰·莫契利（John Mauchly）和工程师普雷斯伯·埃克特（Preper Eckert）领导研制的取名为“ENIAC”（Electronic Numerical Integrator And Calculator，电子数字积分计算机）的计算机。加法运算速度达5000次/s，3ms就可进行一次乘法运算，将原来需要20 min计算的弹道缩短到仅用30s。ENIAC计算机是一个庞然大物，它有17465只电子管、1500多只继电器，耗电174千瓦、占地170平方米、重30吨，存储量很小，只能存20个字长为10位的十进制数，但它具有划时代的意义，它宣告了电子计算机时代的到来，为半个多世纪来计算机的高速发展迈出了第一步。

在计算机发展的这70多年中，计算机技术得到不断发展，其中影响最大的就是冯·诺依曼。他提出了在计算机中设“存储器”，将符号化的计算机步骤存放在“存储器”中，然后依次取出存储内容进行译码，并按译码的结果进行计算，从而实现计算机工作的自动化，这种理论最终由英国剑桥大学的莫斯·威尔克斯（M.V.Wilkes）于1949年完成的“EDSAC”（The

Electronic Delay Storage Automatic Calculator）计算机所实现，它是第一台真正的存储程序计算机。

（2）计算机的发展

按照计算机硬件按物理元器件的发展，可将计算机的发展分为四个阶段，如表2-1所示。

第一代计算机（1946—1958年）：以电子管作为计算机的基本逻辑电路元件，主存储器采用延迟线和静电存储管，容量非常小，仅1000～4000B。外部存储器采用纸带、卡片、磁鼓和磁带，运算速度一般为每秒数千至数万次。

第二代计算机（1959—1964年）：第二代计算机采用半导体晶体管作为逻辑开关元件，内存采用了磁芯存储器，其容量达几十万字节。外部存储器采用磁盘、磁带。运算速度达每秒几十万至百万次。软件方面出现了一系列的高级程序设计语言（如FORTRAN，COBOL等），有了系统软件（监控程序），提出了操作系统的概念，且提出了多道程序设计、并行处理和可变的微程序设计思想。

第三代计算机（1965—1970）：1958年制造出了人类第一个半导体集成电路（IC），1961年美国得克萨斯仪器公司与美国军方合作，研制出第一台试验型半导体集成电路作为主要电子器件的集成电路电子计算机。

第四代计算机（1971—至今）：1971年美国Intel公司生产了第一块单片微处理器Intel4004，同时Intel公司用其组成了世界上第一台微机MSC-4，这标志着新一代计算机的产生。由于集成电路不断提高，集成度也越来越高，大规模集成电路与超大规模集成电路相继出现，中央处理器CPU高度集成是这一代微机的主要特征。由于相应技术的不断提高，导致计算机的性能飞跃前进。随着计算机性能的进步，各种应用软件也相继推出。软件的丰富，计算机性能的不断提高，特别是个人计算机（PC）进入家庭，将计算机的应用变得空前的普及。这些年来计算机技术与通信技术结合而出现的网络技术，使世界变成了“地球村”。网络、微机、多媒体成为当今计算机技术发展的主流。

表2-1　计算机发展阶段

发展阶段	第一代 1946—1958年	第二代 1959—1964年	第三代 1965—1970年	第四代 1971—至今
电子器件	电子管	晶体管	中、小规模集成电路	大规模和超大规模集成电路
主存储器	延迟线、静电存储管	磁芯、磁鼓	半导体	半导体
外部辅助存储器	磁带、磁鼓等	磁盘、磁带	磁盘	磁盘、光盘
处理方式	机器语言 汇编语言	监控程序、批处理程序、高级语言编译	多道程序 实时处理	实时、分时处理 网络操作系统
运算速度	每秒数千至数万次	每秒几十万至百万次	每秒百万至几百万次	每秒几百万至千亿次

（3）我国计算机技术的发展

①1956年，我国制定12年科学规划时，把发展计算机、半导体等技术学科作为重点，相继筹建了中国科学院计算机研究所、中国科学院半导体研究所等机构；

②1958年，组装调试成第一台电子管计算机（103机）；

③1959年，研制成大型通用电子管计算机（104机）；

④1960年，研制成我国第一台自己设计的通用电子管计算机（107机）；

⑤1964年，我国开始推出第一批晶体管计算机，如109机、108机及320机等，其运算速度为每秒10万次至20万次；

⑥1971年研制成第三代集成电路计算机，如150机；

⑦1974年后，DJS–130晶体管计算机形成了小批量生产；

⑧1982年，采用大、中规模集成电路研制成16位的DJS–150机；

⑨1983年，长沙国防科技大学推出向量运算速度达每秒1亿次的银河Ⅰ巨型计算机；

⑩1992年，向量运算达到每秒10亿次的银河Ⅱ投入运行；

⑪1997年，银河Ⅲ投入运行，速度为每秒130亿次，内存容量为9.15 GB；

⑫2013年11月18日，国际TOP500组织公布的排行榜单中，“天河二号”以比第二名美国的“泰坦”快近一倍的速度再度登上榜首；

⑬2018年7月22日，“天河三号E级原型机系统”在我国超级计算天津中心完成研制部署，并顺利通过项目课题验收，逐步进入开放应用阶段。“天河三号”超级计算机，浮点计算处理能力达到10^{18}，是“天河一号”的200倍，存储规模是“天河一号”的100倍。其工作一小时相当于13亿人上万年的工作量。

2.1.1.2 计算机的类型及未来发展

（1）计算机的类型

根据计算机的工作原理和用途等的不同，计算机可分为以下类型：

①按工作原理分类：可以把计算机分为模拟计算机、数字计算机以及数字模拟混合计算机；

②按用途分类：一般可分为专用计算机与通用计算机两大类；

③按照功能分类：通常将计算机分为超级计算机、小巨型计算机、大型计算机、小型计算机、微型计算机和工作站几类；

④按使用方式分类：可以把计算机分为掌上电脑、笔记本、台式计算机、网络计算机、工作站、服务器、主机等。

个人计算机（Personal Computer，PC），出现在第四代计算机时期，它是最常见的微型机，以后的学习都将以PC为例。

（2）未来计算机的发展

未来计算机的发展有以下主要方向：一是向着巨型化、微型化、网络化、智能化、多媒体化五种趋向发展。二是向着非冯·诺依曼结构模式发展。

从目前的趋势来看，未来的计算机将是微电子技术、光学技术、超导技术和电子仿生技术相互结合的产物。在不久的将来，纳米计算机、神经网络计算机等全新的计算机也会诞生。届时计算机将发展到一个更高、更先进的水平。

①光子计算机：光子计算机是一种由光信号进行数字运算、逻辑操作、信息存储和处理的新型计算机。它由激光器、光学反射镜、透镜、滤波器等光学元件和设备构成，靠激光束进入反射镜和透镜组成的阵列进行信息处理，以光子代替电子，光运算代替电运算。光的并行、高速，天然地决定了光子计算机的并行处理能力很强，具有超高的运算速度。光子计算机还具有与人脑相似的容错性，系统中某一元件损坏或出错时，并不影响最终的计算结果。

②生物计算机：生物计算机也称仿生计算机，主要原材料是生物工程技术产生的蛋白质分子，并以此作为生物芯片来替代半导体硅片，利用有机化合物存储数据。运算速度要比当今最新一代计算机快10万倍，它具有很强的抗电磁干扰能力，并能彻底消除电路间的干扰。能量消耗仅相当于普通计算机的十亿分之一，且具有巨大的存储能力。生物计算机具有生物体的一些特点，如能发挥生物本身的调节机能，自动修复芯片上发生的故障，还能模仿人脑的机制等。

目前，在生物计算机研究领域已经有了新的进展，预计在不久的将来，就能制造出分子元件。另外，在超微技术领域也取得了某些突破，制造出了微型机器人。这种微型机器人可以成为一部微小的生物计算机，不但小巧玲珑，而且可以像微生物那样自我复制和繁殖，可以钻进人体里杀死病毒，修复血管、心脏、肾脏等内部器官的损伤，或者使引起癌变的DNA突变发生逆转，从而使人延年益寿。

③量子计算机：量子计算机是一种基于量子理论而工作的计算机，它的装置遵循量子计算的基本理论，处理和计算的是量子信息，运行的是量子算法。与传统的电子计算机相比，量子计算机具有解题速度快、存储量大、搜索功能强和安全性较高等优点。

1981年，美国阿拉贡国家实验室的Paul Benioff最早提出了量子计算的基本理论。量子计算机主要有核磁共振（NMR）量子计算机、硅基半导体量子计算机和离子阱量子计算机三种类型。2017年5月3日，中国科学院潘建伟团队构建的光量子计算机实验样机计算能力已超越早期计算机。

④纳米计算机：纳米计算机指将纳米技术运用于计算机领域所研制出的一种新型计算机。“纳米”本是一个计量单位，采用纳米技术生产芯片成本十分低廉，因为它既不需要建设超洁净生产车间，也不需要昂贵的实验设备和庞大的生产队伍。只要在实验室里将设计好的分子合在一起，就可以造出芯片，大大降低了生产成本。应用纳米技术研制的计算机体积小、容量大，性能大大增强，几乎不需要耗费任何能源。

2013年9月26日斯坦福大学宣布，人类首台基于碳纳米晶体管技术的计算机已成功测试运行。该项实验的成功证明了人类有望在不远的将来，摆脱当前硅晶体技术以生产新型电脑设备。2021年11月16日，美国宾夕法尼亚州立大学研究人员首次制造出一种类似晶体管的功能性纳米计算机——“逻辑门”，展示了其在蛋白质中嵌入条件操作并控制其功能的能力。该研究有助于深入了解人类生物学和疾病，为开发精确治疗方法引入了可能，也为构建复杂的纳米级计算机以预防和治疗癌症和其他疾病铺平了道路。

⑤神经网络计算机：神经网络计算机是模仿人的大脑判断能力和适应能力，并具有可并行处理多种数据功能的计算机。它本身可以判断对象的性质与状态，并能采取相应的行动，而且它可同时并行处理实时变化的大量数据，并引出结论。

目前，纽约、迈阿密和伦敦的飞机场已经用神经电脑来检查爆炸物，每小时可查600～700件行李，检出率为95%，误差率为2%。未来神经计算机将会广泛应用于各领域，它能识别文字、符号、图形、语言以及声呐和雷达收到的信号，判读支票，对市场进行估计，分析新产品，进行医学诊断，控制智能机器人，实现汽车和飞行器的自动驾驶，识别军事目标，进行智能决策和智能指挥等。

2.1.2 计算机组成结构及工作原理

2.1.2.1 计算机的组成结构

从计算机诞生初期直到现在，通常使用的计算机属于冯·诺依曼型体系结构，不论简单与复杂，从功能来讲每台计算机都有五个部分组成：控制器、运算器、存储器、输入设备、输出设备。各部分的功能如下：

①控制器：控制器是计算机的指挥控制中心，它的作用是控制程序的执行，它取出程序中的指令，经分析后，便按要求发出信号，使各部分协调一致。它一般由指令寄存器、指令译码器、时序电路和控制电路组成。它的基本功能就是从内存取出指令、编译指令和执行指令。

②运算器：运算器是计算机的核心部件，是计算机的“信息加工厂”，是对信息进行加工、运算的部件，它的速度几乎决定了计算机的计算速度。运算器由算术与逻辑运算部件（ALU）和一组通用寄存器和专用寄存器组成。它主要功能是对二进制编码进行算术运算（加、减、乘、除）和逻辑运算。

③存储器：存储器是计算机的仓库，它用来保存计算机工作所需的程序和数据。存储器分为内存储器和外存储器。CPU直接从内部存储器取出指令或存取数据，要执行某个程序，必须先将所需数据由外存储器提取到内存储器，CPU才能处理；相对的，处理后的结果要从内存储器放回到外存储器进行保存。

④输入设备：主要作用是把程序和数据等信息转换成计算机适用的编码并顺序送往内存储器。它是进行人机对话的主要部件。常见的输入设备有：键盘、鼠标、扫描仪、数字化仪、手写板、操纵杆等。

⑤输出设备：主要作用是把计算机处理的数据、计算结果等内部信息按人们要求的形式输出，以便用户查看或保存。常用的输出设备有显示器、打印机、音箱、绘图仪等。

2.1.2.2 计算机的工作原理

图2–1中的实线代表“数据信息”的流向，包括原始数据、中间数据、处理结果、程序指令等。虚线代表“控制信息”的流向。

计算机的简单工作流程：操作员通过输入设备将数据和程序送入存储器；然后通过输入

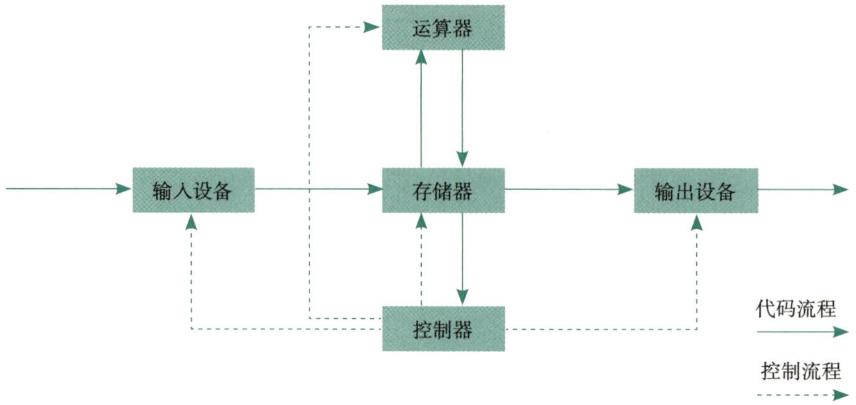

图2-1　计算机工作原理

设备发出运行程序的命令；系统接收到运行程序命令后，控制器便从存储器中取出第一条程序指令，进行分析。然后向受控对象发出控制信号，执行该指令。

控制器再从存储器中取出下一条指令，进行分析，执行该指令，周而复始地重复取出指令→分析指令→执行指令过程，直到程序中的全部指令执行完毕。

2.1.2.3 计算机的总线结构

总线是连接计算机有关部件的一组信号线，是计算机中用来传送信息代码的公共通道。根据传输信息种类的不同，总线又可分为以下三种：

①地址总线AB（Address Bus）：用于传输内存储器的单元地址或输入/输出设备的接口地址信息；

②数据总线DB（Data Bus）：用于CPU、存储器和输入/输出设备之间传递数据；

③控制总线CB（Control Bus）：用于传输CPU发出和接收的各种控制信息。

2.2 计算机软件及应用

2.2.1 计算机软件概述

2.2.1.1 什么是计算机软件

计算机系统由硬件系统和软件系统两大部分组成，如图2-2所示。硬件是计算机系统的机器部分，是计算机工作的物质基础，软件则是为了运行、管理和维护计算机而编制的各种程序的总和。二者相互依赖，不可分割。

计算机软件系统是指计算机运行时所需的各种程序、数据和文档的总称，它是使计算机系统正常运转的技术和知识资源。没有任何软件支持的计算机称为“裸机”，计算机软件系统是组成计算机系统的逻辑设备，它包括系统软件和应用软件两个部分。软件系统与硬件系统之间的层次结构如图2–3所示。

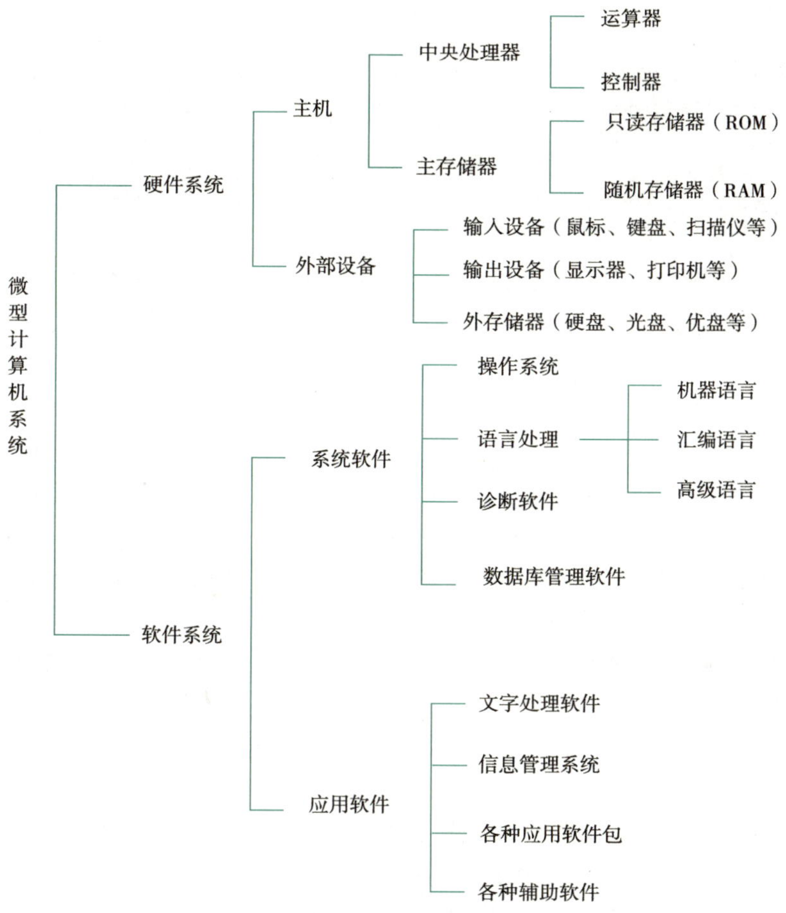

图2–2　计算机系统构成

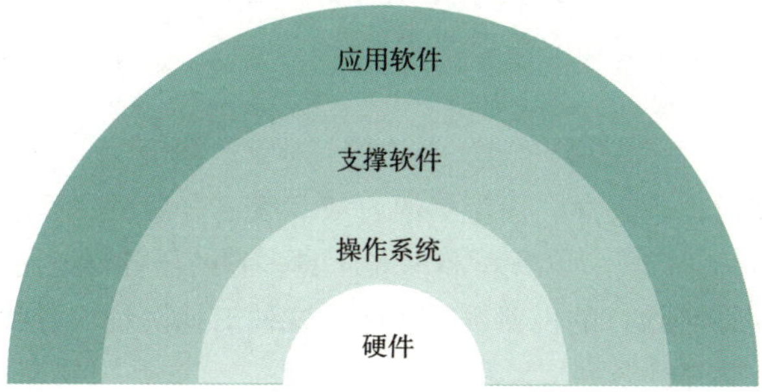

图2–3　软件系统与硬件系统的层次结构

2.2.1.2 计算机软件的分类

计算机软件是能指挥计算机工作的程序与程序运行时所需要的数据，以及与这些程序和数据有关的文字说明和图表资料，其中文字说明和图表资料又称为文档。计算机软件分为系统软件、应用软件二类。

（1）系统软件

系统软件是计算机系统必备的软件，主要功能是管理、控制和维护计算机资源以及开发应用软件。系统软件包括：操作系统、各种语言处理程序、系统支撑和服务程序、数据库管理系统。

（2）应用软件

应用软件是指为用户专门开发和设计的，用来解决具体问题的各类软件。可分为用户程序和应用软件包。例如，字、表处理软件，各种计算机辅助软件（如CAD、CAT、CAM、CAI），数据处理软件和用户程序等。常见的应用软件有以下几种：

①办公室软件：用于文字处理、表格制作、幻灯片制作、图片处理、数据库存储等。目前办公软件发展得很快，很多系列的办公软件应用范围都很广，办公、教学、统计等领域都使用办公软件。一般Office办公软件组合和WPS目前比较流行。办公软件组合包括Word、Excel、Access、PowerPoint、WPS Office、Outlook、Publisher、Virtual Pc，以上这些软件一般都是常用办公软件。另外，还有其他一些软件也较为常用，比如Photoshop、Foxmail、MSN等。

②信息管理软件：用于输入、存储、修改、检索各种信息，如工资管理软件、人事管理软件、仓库管理软件、计划管理软件等。这类软件发展到一定水平后，各个单项的软件相互联系起来，计算机和管理人员组成一个和谐的整体，各种信息在其中合理地流动，形成一个完整、高效的管理信息系统，简称MIS。

③辅助设计软件：用于高效地绘制、修改工程图样，进行设计中的常规计算，帮助人们寻求的好设计方案。比如AutoCAD、3DsMax等。

④实时控制软件：用于随时搜集生产装置、飞行器等的运行状态信息，以此为依据按预定的方案实施自动或半自动控制，安全、准确地完成任务。

⑤多媒体软件：用于把文本（Text）、图形（Graphics）、图像（Images）、动画（Animation）和声音（Sound）等形式的信息结合在一起，并通过计算机进行综合处理和控制，能支持完成一系列交互式操作的信息技术软件。

（3）计算机语言

计算机只能执行机器语言程序，用汇编语言或高级语言编写的程序（称为源程序），计算机是不能识别和执行的。因此，必须配备一种工具，它的任务是把用汇编语言或高级语言编写的源程序翻译成机器可执行的机器语言程序，这种工具就是“语言处理程序”。语言处理程序包括汇编程序、解释程序和编译程序。

解释程序与编译程序的区别：

解释程序的工作原理：每当遇到源程序的一行语句，就将它翻译成机器语言并逐句逐行执行，即翻译一句就执行一句。

编译程序的工作原理：它对源程序先整体进行编译，翻译成机器指令表示的目标程序，最后运行。

计算机程序设计语言的发展，经历了从机器语言、汇编语言到高级语言的历程。

①机器语言。机器语言（Machine Language）是用二进制代码指令（由0和1组成的计算机可识别的代码）来表示各种操作的计算机语言。用机器语言编写的程序称为机器语言程序。

机器语言的优点是它不需要翻译，可以为计算机直接理解并执行，执行速度快，效率高；其缺点是这种语言不直观，难于记忆，编写程序烦琐而且机器语言随机器而异，通用性差。

②汇编语言。汇编语言是一种用符号指令来表示各种操作的计算机语言。汇编语言编写的源程序，不能为计算机直接识别执行，必须翻译（编译）为机器语言程序（目标程序）才能为计算机执行。把汇编语言源程序翻译为机器语言目标程序的过程，称为汇编，汇编是由专门的汇编程序（编译系统）完成的。

机器语言和汇编语言均是面向机器的语言，统称为低级语言。

③高级语言。高级语言是一种接近于自然语言和数学语言的程序设计语言，它是一种独立于具体的计算机而面向过程的计算机语言。用高级语言编写的程序可以移植到各种类型的计算机上运行（有时要做少量修改）。

高级语言是一种接近人的语言和数学描述语言的程序设计语言。它不再依赖于特定的计算机，而且易学易懂。如C语言、C++、Java等都是目前比较流行的高级程序设计语言。

2.2.2 常用的操作系统

（1）操作系统

①操作系统（Operating System）的基本概念。从系统管理角度：合理安排计算机的工作流程，协调各部件有条理地工作。从资源角度：是资源（硬件资源、软件资源和数据资源）的管理者。从用户角度：是用户与计算机之间的接口。从发展的角度：为计算机系统的功能、服务扩展提供支撑平台。

操作系统是计算机系统中必不可少的重要组成部分，是计算机所有硬件和软件资源的组织者和管理者。如果说硬件是计算机的物质基础，那么软件就是计算机的灵魂，而操作系统则是计算机软件的核心和基础。操作系统中通常都设有处理器管理、存储器管理、设备管理、文件管理和作业管理五大功能模块。因此可以说，操作系统是控制和管理计算机系统的硬件和软件资源，合理地组织计算机工作流程以及方便用户的程序集合。

②操作系统的功能：一是管理好计算机的全部资源，包括所有硬件和软件资源；二是担任用户与计算机之间的接口，使得用户不必过问计算机硬件的具体细节，就能十分方便地使用计算机。具体如下：

a. CPU管理：在多道程序系统下，计算机内存中的作业有多个，但中央处理机只有一个，同一时刻只能有一个进程占有处理机。因此中央处理机管理实际上相当于进程的调度。

b．作业管理：用户要求计算机完成的一个计算任务称为作业。作业管理包括：作业的输入和输出，作业的调度和作业的控制。

c．存储管理：存储管理的主要工作是合理分配内存，使各作业占有的存储区不发生冲突，对内存进行保护，使各个作业在自己所属的存储区中不相互干扰，还有对内存进行扩充等。

d．设备管理：设备管理的任务是当用户要使用外部设备时，提出申请，由它进行分配。当用户程序要使用某个外部设备时，由它驱动外部设备，同时它还能处理外部设备的中断请求。

e．文件管理：负责文件的存取和对文件库进行管理。主要任务是管理文件目录，为文件分配存储空间，执行用户提出的使用文件的各种命令。

③操作系统的分类：

a．单用户操作系统：计算机系统在同一时刻只能支持运行一个用户程序，这类系统管理起来比较简单，但最大的缺点是计算机系统的资源不能得到充分利用。

b．批处理操作系统：将用户作业按照一定的顺序排列，统一交给计算机系统，由计算机自动地、顺序地完成作业的系统。常用的系统有MVX。

c．分时操作系统：对一台CPU连接多个终端，CPU按照优先级给各个终端分配时间片，轮流为各个终端服务，从而使多个用户可以通过各自的终端互不干扰的同时使用同一台计算机交互进行操作。常用的系统有UNIX、XENIX、Linux等。

d．实时操作系统：对来自外界的作用和信息在规定的时间内及时响应并进行处理的系统。常用的系统有RDOS、VRTX等。

e．网络操作系统：对计算机网络中的软件、硬件资源进行管理和控制的操作系统，适合多用户、多任务环境，支持网间通信和网络计算，具有很强的文件管理、数据保护、系统容错和系统安全保护功能。常用的网络操作系统有NetWare和Windows NT。

f．分布式操作系统：将地理上分散的独立的计算机系统通过通信设备和线路互相连接起来，但各台计算机均分负荷，或每台计算机各提供一种特定功能，互相协作完成一个共同的任务。常用的系统有Amoeba等。

（2）常用的操作系统

操作系统是控制和管理计算机软硬件资源、合理组织计算机工作流程，以及方便用户操作的程序集合。它的职责常包括对硬件的直接监管、对各种计算资源（如内存、处理器时间等）的管理，以及提供诸如作业管理之类的面向应用程序的服务等。常见的操作系统有以下几种。

①Unix。Unix是一个强大的多用户、多任务操作系统，支持多种处理器架构，按照操作系统的分类，属于分时操作系统。Unix最早由Ken Thompson和Dennis Ritchie于1969年在美国AT&T的贝尔实验室开发。

类Unix（Unix-like）操作系统指各种传统的Unix以及各种与传统Unix类似的系统。它们虽然有的是自由软件，有的是商业软件，但都相当程度地继承了原始UNIX的特性，有许多相似处，并且都在一定程度上遵守POSIX规范。类Unix系统可在非常多的处理器架构下运行，在服务器系统上有很高的使用率，例如大专院校或工程应用的工作站。

②Linux。基于Linux的操作系统是20世纪1991年推出的一个多用户、多任务的操作系统。它与UNIX完全兼容。Linux最初是由芬兰赫尔辛基大学计算机系学生Linus Torvalds在基于UNIX的基础上开发的一个操作系统的内核程序，Linux的设计是为了在Intel微处理器上更有效地运用。此后在理查德·斯托曼的建议下以GNU通用公共许可证发布，成为自由软件Unix变种。它的最大的特点在于其是一个源代码公开的自由及开放源码的操作系统，其内核源代码可以自由传播。

经历数年的披荆斩棘，自由开源的Linux系统逐渐蚕食以往专利软件的专业领域，例如以往计算机动画运算巨擘——SGI的IRIX系统已被Linux家族及贝尔实验室研发小组设计的“九号计划”与Inferno系统取代，皆用于分散表达式环境。它们并不像其他Unix系统，而是选择自带图形用户界面。“九号计划”原先并不普及，因为它刚推出时并非自由软件。Linux有各类发行版，通常为GNU/Linux，如Debian（及其衍生系统Ubuntu、Linux Mint）、Fedora、openSUSE等。Linux发行版作为个人计算机操作系统或服务器操作系统，在服务器上已成为主流的操作系统。

③Mac OS X。Mac OS是一套运行于苹果Macintosh系列电脑上的操作系统。Mac OS是首个在商用领域成功的图形用户界面。Macintosh组包括比尔·阿特金森（Bill Atkinson）、杰夫·拉斯金（Jef Raskin）和安迪·赫茨菲尔德（Andy Hertzfeld）。Mac OS X于2001年首次在商场上推出。

④Windows。Windows是由微软公司成功开发的操作系统。Windows是一个多任务的操作系统，它采用图形窗口界面，用户对计算机的各种复杂操作只需通过点击鼠标就可以实现。

Microsoft Windows系列操作系统是在微软给IBM机器设计的MS-DOS的基础上设计的图形操作系统。Windows系统，如Windows 2000、Windows XP皆是创建于现代的Windows NT内核。NT内核是由OS/2和Open VMS等系统上借用来的。Windows可以在32位和64位的Intel和AMD的处理器上运行，但是早期的版本也可以在DEC Alpha、MIPS与PowerPC架构上运行。

Windows XP在2001年10月25日发布，2004年8月24日发布服务包2，2008年4月21日发布最新的服务包3。微软的操作系统Windows Vista（开发代码为Longhorn）于2007年1月30日发售。Windows Vista增加了许多功能，尤其是系统的安全性和网络管理功能，并且其拥有界面华丽的Aero Glass。但是整体而言，其在全球市场上的口碑却并不是很好。

Windows 8是微软在2012年10月正式推出的，系统有着独特的metro开始界面和触控式交互系统，2013年10月17日晚上7点，Windows 8.1在全球范围内通过Windows上的应用商店进行更新推送。2014年1月22日，微软在美国旧金山举行发布会，正式发布了Windows 10。

⑤iOS。iOS操作系统是由苹果公司开发的手持设备操作系统。iOS与苹果的Mac OS X操作系统一样，它也是以Darwin为基础的，因此同样属于类Unix的商业操作系统。原本这个系统名为iPhone OS，直到2010年6月7日苹果全球开发者大会（WWDC）上宣布改名为iOS。截止到2021年6月，根据Canalys的数据显示，iOS已经占据了全球智能手机系统市场份额的30%，在美国的市场占有率为43%。

⑥Android。Android是一种以Linux为基础的开放源代码操作系统，主要使用于便携设

备。Android操作系统最初由Andy Rubin开发，最初主要支持手机。2005年由Google收购注资，并组建开放手机联盟开发改良，逐渐扩展到平板电脑及其他领域上。2011年第一季度，Android在全球的市场份额首次超过塞班（Symbian）系统，跃居全球第一。2021年6月数据显示，Android占据全球智能手机操作系统市场68.63%的份额。

2.2.3 常用的应用软件

2.2.3.1 办公软件

办公软件指可以进行文字处理、表格制作、幻灯片制作、简单数据库的处理等方面工作的软件。常用的办公软件有以下几种。

（1）微软Office

微软公司开发的一套基于 Windows 操作系统的办公软件套装。现在能接触的版本主要有2003、2007、2010、2013、2016、2019、2020版本，微软的Office有十余款组件，主要有以下几种：

Word：文字处理。Microsoft Office Word是文字处理软件，被认为是 Office 的主要程序。

Excel：表格制作、数据运算和处理。Microsoft Office Excel是电子数据表软件，也是 Office 的主要程序，可进行复杂的数据操作，广泛应用于财务、金融、统计、管理等各行各业。

PowerPoint：演示文稿制作。Microsoft Office PowerPoint是演示文稿软件。用户不仅可以在投影仪或者计算机上进行演示，也可以将演示文稿打印出来，制作成胶片，以便应用到更广泛的领域中。

Word、Excel和PowerPoint在办公软件中应用广泛，也因此习惯被人们称为“Office三剑客”。

Access：数据库管理，Microsoft Office Access是微软把数据库引擎的图形用户界面和软件开发工具结合在一起的一个数据库管理，软件开发人员和数据架构师可以使用Microsoft Access开发应用软件，“高级用户”可以使用它来构建软件应用程序。

OneNote：会议记录工具，OneNote是一款同时支持手写输入和键盘输入的记事本软件，可以看作是对Windows的“记事本”的一种扩充和增强。

Project：项目管理工具软件，Microsoft Project是一款项目管理软件，适用于新产品研发、IT、房地产、工程、大型活动等项目类型。

（2）WPS Office

WPS Office是由北京金山办公软件股份有限公司自主研发的一款办公软件套装，WPS Office可以实现办公软件最常用的文字、表格、演示、PDF阅读等多种功能。具有内存占用低、运行速度快、云功能多、强大插件平台支持、免费提供海量在线存储空间及文档模板的优点。

支持阅读和输出PDF（.pdf）文件、具有全面兼容微软Office 97-2010格式（doc/docx/xls/

xlsx/ppt/pptx等）独特优势。覆盖Windows、Linux、Android、iOS等多个平台。WPS Office支持桌面和移动办公。

（3）腾讯文档

腾讯文档是一款支持随时随地创建、编辑的多人协作式在线文档工具。腾讯文档可实现一键翻译、实时股票函数和浏览权限安全可控等智能化操作，此外，还打通QQ、微信等多个平台编辑和分享的能力。作为腾讯公司针对办公场景推出的战略产品，腾讯文档拥有强大的跨平台协作能力。用户可在微信通过官方小程序查阅和编辑在线文档，腾讯文档的入口还包括腾讯文档独立APP、QQ、TIM、Web官网等。在上述平台，用户可以将文档同步分享给微信或QQ好友，并授权对方共同编辑，修改动作将实时同步到全部平台。

腾讯文档有以下优势：

①免费，免注册，空间人数不限。

a．腾讯文档支持多人协作且不限人数，不限制附件大小，且模板都是免费的。

b．腾讯文档直接用微信、TIM和QQ就能登录，更有小程序扫码直接登录，省去了烦琐复杂的下载注册步骤，进入腾讯文档后基本就可以马上上手，不需要教学。

②支持在线编辑。

a．打开网页就能写。腾讯文档无需下载，打开网址就能立即开始编辑。

b．随时随地都能写。腾讯文档支持电脑端和手机端（PC、Mac、iPad、iOS、Android），任意设备都可访问和编辑腾讯文档。更支持手机同步更新在线编辑，电脑上编辑好的文档会在手机上同步更新，随时随地都可以用手机编辑文档。

c．实时保存。系统会对文档内容做自动保存，不用担心断网断电、忘记保存导致编辑的内容丢失。

③多人协作。多人协作办公作为腾讯文档最大的特点，适用于各种常见场景，例如团队间进行日期分工规划和项目进度沟通时，统计繁杂的报表时，开会做会议纪要时等。如果都交给一个人去统计汇总，那么整个过程就会变得非常混乱且容易出错。使用腾讯文档，只要新建在线文档或者Excel，把链接发到群里，就可以多人在线同时查看和编辑，实现多人协作办公，而且每个人填入的内容都会同步更新到同一个文件里，这样不仅提高工作效率，还能减少错误。

2.2.3.2 工具软件

（1）WinRAR

WinRAR是Windows 版本的压缩文件管理器，一个允许用户创建、管理和控制压缩文件的强大工具。WinRAR是一款功能强大的压缩包管理器，它是档案工具RAR在Windows环境下的图形界面。该软件可用于备份数据，缩减电子邮件附件的大小，解压缩从 Internet 上下载的RAR、ZIP及其他类型文件，并且可以新建 RAR 及 ZIP 格式等的压缩类文件。从5.60版开始，WinRAR启用了新的图标，但用户仍可以通过官网提供的主题包换回原版风格的图标。

WinRAR能够添加到压缩文件中的文件数量，取决于可用内存和文件名的长度。每对RAR 压缩文件添加一个文件，占用 128 个字节的内存。所以，如果用户要压缩百万个文件以上的话，需要有128 MB 的内存。

一个RAR压缩文件，或是在RAR压缩文件中的任何一个文件大小，限制为8,589,934,591 GB（9,223,372,036,854,775,807字节），请注意如果创建的压缩文件大于4GB，必须使用 NTFS 磁盘格式，因为旧式的文件系统不支持如此巨大的文件。

（2）驱动精灵

驱动精灵是一款集驱动管理和硬件检测于一体的、专业级的驱动管理和维护工具，驱动精灵为用户提供驱动备份、恢复、安装、删除、在线更新等实用功能。

①超强硬件检测。驱动精灵使用专业级硬件检测手段，配合驱动之家12年的驱动数据库积累，能够检测出绝大多数流行硬件。基于正确的检测结果，驱动精灵为用户提供准确无误的驱动程序。同时，硬件检测结果还可以帮助用户辨识自己的硬件，避免被奸商蒙蔽。

②驱动智能升级。基于驱动之家研发的DriverGenius专利智能驱动检测技术，驱动精灵提供了专业级驱动识别能力。能够智能识别计算机硬件并且给计算机匹配最适合的驱动程序。驱动精灵提供的驱动程序均为微软WHQL认证或厂商正式版驱动，严格保证系统稳定性。

③驱动维护。驱动精灵可严格按照原格式备份驱动程序，驱动如果经过了WHQL认证，那么经过驱动精灵备份出来的驱动也将是经过WHQL认证的驱动。驱动还原技术使用户还可快速还原曾备份过的驱动程序，享受“原地复活”的快感。驱动删除功能更是用户维护系统时的好帮手。

④智能系统状态判断。驱动精灵是一款基于网络的应用程序，用户的网络连接状况将影响到软件的使用。驱动精灵自带流行网卡驱动程序库，可自动为用户安装网卡驱动，从而彻底解决用户没有网卡驱动导致无法联网的难题。同时，更为用户提供包括安全模式在内的多种软件工作模式。

（3）腾讯电脑管家

腾讯电脑管家，是由腾讯公司推出的一款免费安全软件。腾讯电脑管家拥有安全云库、系统加速、一键清理、实时防护、网速保护、电脑诊所等功能，依托腾讯安全云库、自主研发反病毒引擎“鹰眼”及QQ全景防卫系统，能查杀各类计算机病毒。

①安全防护：电脑全面检测，远离安全风险。

可一键排查安全风险：从病毒木马、高危漏洞、系统异常、电脑速度、账号风险等方面对电脑安全性进行快速检测。

②强劲清理引擎，能力业界领先。

可一键全清9大类型垃圾；智能判断和清理无效冗余插件、缓存文件、系统垃圾等多种垃圾，释放磁盘空间，提高运行速度。

③软件管理。

自主设置7类软件权限：整合软件7种常见权限，包括弹窗、开机自启、推装捆绑等，可以自由选择允许或者阻止软件权限，可设置每次都询问。

实时生成软件行为日志：全天候监控软件权限并生成记录，可以详细看到软件启用过哪些权限，实时了解它们的动态行为。

即时提醒新装软件权限：新软件安装时自动提醒管理，可以选择开启此项设置，下次即可快捷管理新安装软件的权限。

④办公助手。

文件分类：桌面文件一键整理，快速分类，可按照最近修改时间排列出一周内和一周前的文件，轻松找到所需文件。

磁盘映射：支持将硬盘文件入口映射至电脑桌面，可以在桌面直接访问硬盘源文件，可以快捷、省力地访问要用的文件。

全盘搜索：输入关键字进行搜索，相关文件会按照分类全部显示，点击右键可进行打开、复制、删除等操作，提供用户畅快的搜索体验。

2.2.3.3 社交软件

（1）微信

微信（WeChat）是腾讯公司于2011年1月21日推出的一个为智能终端提供即时通信服务的免费应用程序，由张小龙所带领的腾讯广州研发中心产品团队打造。微信支持跨通信运营商、跨操作系统平台，通过网络快速发送免费（需消耗少量网络流量）语音短信、视频、图片和文字，同时，也可以使用通过共享流媒体内容的资料和基于位置的社交插件“摇一摇”“朋友圈”“公众平台”“语音记事本”等服务插件。

微信提供公众平台、朋友圈、消息推送等功能，用户可以通过“摇一摇”“搜索号码”“附近的人”、扫二维码方式添加好友和关注公众平台，同时微信将内容分享给好友以及将用户看到的精彩内容分享到微信朋友圈。

微信是时下最热门的聊天通信软件，腾讯移动互联网应用领域的看家产品，主打熟人圈的社交媒体，其朋友圈、微信红包、公众号等成为人们日常生活的焦点，也是目前继承短信后的又一主打产品，在国内外都非常受欢迎，使用范围很广泛，各种功能很实用也很齐全。

（2）QQ

QQ是腾讯QQ的简称，是一款基于互联网的即时通信软件。

QQ比微信发展得更早，也是目前使用率比较多的软件。民间昵称“企鹅”，手机用户基本装有的交友软件，红色围巾的小企鹅是其典型标志。

QQ已经覆盖了Windows、macOS、iPadOS、Android、iOS、Windows Phone、Linux等多种主流平台。腾讯QQ支持在线聊天、视频通话、点对点断点续传文件、共享文件、网络硬盘、自定义面板、QQ邮箱等多种功能，并可与多种通信终端相连。

目前公司办公人员使用得比较多，个人用户往往喜欢使用微信。因为它的电子邮箱和在线传送功能很适合公司或组织人员使用。

（3）微博

微博是指一种基于用户关系信息分享、传播以及获取的通过关注机制分享简短实时信息的广播式的社交媒体、网络平台。

微博允许用户通过Web、Wap、Mail、APP、IM、SMS以及用户可以通过PC、手机等多种移动终端接入，以文字、图片、视频等多媒体形式，实现信息的即时分享、传播互动。

2009年8月新浪推出“新浪微博”内测版，成为门户网站中第一家提供微博服务的网站。此外微博还包括腾讯微博、网易微博等。但如若没有特别说明，微博就是指新浪微博，它是国内知名的社交媒体，媒体监控和跟踪突发消息的重要来源，公众表达自我的个性平台。

2.2.3.4 浏览器软件

（1）谷歌浏览器Chrome

Google Chrome是一款由Google公司开发的网页浏览器，该浏览器基于其他开源软件撰写，包括Web Kit，目标是提升稳定性、速度和安全性，并创造出简单且有效率的使用者界面。

软件的名称来自称作Chrome的网络浏览器GUI（图形使用者界面）。软件的beta测试版本在2008年9月2日发布，提供50种语言版本，有Windows、mac OS、Linux、Android以及iOS版本提供下载。

Google Chrome支持多标签浏览，每个标签页面都在独立的“沙箱”内运行，在提高安全性的同时，一个标签页面的崩溃也不会导致其他标签页面被关闭。此外，Google Chrome基于更强大的JavaScript V8引擎，这是当前Web浏览器所无法实现的。

另有手机版的Chrome浏览器，于2012年发布了Chrome浏览器移动版，提供iOS系统、Android系统以及Windows Phone系统的Chrome浏览器，在保持浏览器原有特点的情况下，实现了多终端使用浏览器，具有共享收藏历史信息等功能，是手机浏览器的一次巨大突破。随着Android系统的份额不断扩大而市场占有率不断飙升。

Chrome作为国际市场上份额最大的浏览器，不仅深受用户喜爱，也被很多开发者所钟爱，其中Chrome的开发者工具便是重要的原因之一。

（2）UC浏览器

UC浏览器（UC Browser）是UC Mobile Limited在2004年8月开发的一款软件，分为UC手机浏览器和UC浏览器电脑版。UC浏览器是全球主流的第三方手机浏览器，截止到2016年，UC浏览器月活用户突破了4亿，季活用户超过6亿。

UC浏览器是阿里巴巴移动事业部旗下的核心产品。根据全球知名的网络流量监测机构Stat Counter发布的数据所示，UC浏览器已占据全球市场份额的17.42%（移动浏览器月度PV份额），全面超越苹果Safari成为全球第二大浏览器。

UC浏览器为全球移动互联网用户提供聪明智能的手机上网服务。目前已覆盖Android、iOS、Windows等主流移动操作系统，200多个著名品牌、超过3000款手机及平板电脑终端均可使用，并于2014年推出了PC版。

UC浏览器拥有U3内核和云端架构，完美地支持HTML5应用，具有智能、极速、安全、易扩展、省电、省流量等特性，无论是阅资讯、读小说、看视频，还是上微博、玩游戏、网上购物，都能让用户享受流畅、便捷的移动互联网体验。

（3）Safari

Safari是一款由苹果开发的网页浏览器，是各类苹果设备（如Mac、iPhone、iPad、iPod Touch）的默认浏览器。Safari使用WebKit浏览器引擎。

Safari作为苹果计算机的操作系统macOS中的浏览器，它用来取代之前的Internet Explorer for Mac。Safari 以惊人速度渲染网页，与Mac及iPod touch、iPhone、iPad完美兼容。

苹果公司自己的内核也是苹果的Safari浏览器使用的内核。使用WebKit引擎，包含WebCore排版引擎及JavaScriptCore解析引擎，均是从KDE的KHTML及KJS引擎衍生而来，它们都是自由软件，在GPL条约下授权，同时支持BSD系统的开发。所以WebKit也是自由软件，同时开放源代码。在安全方面不受IE、Firefox的制约，所以Safari浏览器在国内还是很安全的。

Safari浏览器可以使用“接力”功能，使用同一个Apple ID的两台设备，可以互相连通浏览信息。例如，iPhone上浏览一个网页，Mac的程序坞最左侧即可显示，点击即可在Mac上继续浏览该网页。

（4）360安全浏览器

360安全浏览器是360安全中心推出的一款基于IE和Chrome双内核的浏览器，是世界之窗开发者凤凰工作室和360安全中心合作的产品。

和360安全卫士、360杀毒等软件产品一同成为360安全中心的系列产品。360安全浏览器采用恶意网址拦截技术，可自动拦截木马、欺诈、网银仿冒等恶意网址。独创沙箱技术，在隔离模式即使访问木马也不会感染。

由于IE浏览器的市场过于广阔，网页提供商也已经习惯IE的标准进行制作网页，甚至一些网站还必须使用IE才能识别，使用IE的用户约占70%，但是实际情况使用它的用户比这个数据更多，很多时候人们都必须使用只支持它的控件才能完成；但总有很大一部分人不满足于IE的功能及外观，但又屈于IE的兼容性，于是就有了360安全浏览器——基于IE内核和Chrome内核的双核浏览器。

（5）QQ浏览器

QQ浏览器是腾讯公司开发的一款浏览器，其前身为TT浏览器。QQ浏览器秉承TT浏览器1-4系列方便易用的特点，但技术架构不同；交互和视觉表现也重新设计。采用Chromium内核+IE双内核，让浏览快速稳定，拒绝卡顿，完美支持HTML5和各种新的Web标准。它同时可以安装众多Chrome的拓展，支持QQ快捷登录，登录浏览器后即可自动登录腾讯系网页。

QQ浏览器是受人重视的产品之一，QQ浏览器7采用单核模式，集超小安装包和超强稳定性于一身，访问网页速度也得到进一步优化。

2019年11月18日，腾讯公司推出的信息流内容服务品牌——腾讯看点，登录QQ浏览器平台，在QQ浏览器平台上，为用户带来热门资讯、本地新闻、免费小说等资源。内容推荐与搜索双引擎驱动，理解用户的内容需求，提供需要的资讯与知识技能。

2.2.3.5 媒体播放软件

（1）PotPlayer

PotPlayer播放器是KMPlayer的原作者姜勇希在跳槽到Daum公司后使用C++完全重写的播放器。PotPlayer基本上继承了KMPlayer方便的滤镜的管理系统。同时简化了内部的解码器体系。现在基本依靠Bass和FFmpeg系滤镜解决播放问题。

PotPlayer播放器具有DXVA硬件解码以及多线程解码功能，使用户能更流畅地观看高清影片。在相对小巧的体积下，PotPlayer实现支持绝大多数视频格式的功能。美化主程序图标和关联图标，移除了聊天模块、VC库和连接，集成了real解码器，加入一款精美透明皮肤（开启皮肤D3D模式可实现）。体积小巧、界面简洁、功能强大，没有任何广告和垃圾信息，是本地视频播放器的上佳之选。

（2）Windows Media Player

Windows Media Player是微软公司出品的一款免费的播放器，属于Microsoft Windows的一个组件，通常简称“WMP”，支持通过插件增强功能。

该软件可以播放MP3、WMA、WAV等格式的文件，而RM文件由于竞争关系，微软默认但不支持；不过在Windows Media Player 8以后的版本，如果安装了Real Player相关的解码器，就可以播放。视频方面可以播放AVI、WMV、MPEG-1、MPEG-2、DVD等格式的文件。用户可以自定媒体数据库收藏媒体文件。支持播放列表，支持从CD抓取音轨复制到硬盘。支持刻录CD，Windows Media Player 9以后的版本甚至支持与便携式音乐设备同步音乐。集成了Windows Media的在线服务。Windows Media Player 10更集成了纯商业的联机商店商业服务。支持图形界面更换，支持MMS与RTSP的流媒体。内部集成了Windows Media的专辑数据库，如果用户播放的音频文件与网站上面的数据校对一致的话，用户可以看到专辑消息。支持外部安装插件增强功能。

使用Windows Media Player 11的用户会发现，在现有的自动同步和手动同步选项之外又添加了几种新功能。对Windows Media Player 11的更新提供了可视化程度更高、更直观地同步体验。“同步”选项卡包括若干新的增强功能用于简化播放机的便携设备体验，其中包括一个新的设备容量计量器，以及使用与“媒体库”视图相同的“即时搜索”和丰富的可视化效果在设备上浏览媒体的能力。

（3）Quick Time

Quick Time是一款拥有强大的多媒体技术的内置媒体播放器，可让用户以各式各样的文件格式观看互联网视频、高清电影预告片和个人媒体作品，更可让用户以非比寻常的高品质欣赏这些内容。

Quick Time不仅仅是一个媒体播放器，还是一个完整的多媒体架构，可以用来进行多种媒体的创建、生产和分发，并为这一过程提供端到端的支持：包括媒体的实时捕捉，以编程的方式合成媒体，导入和导出现有的媒体，还有编辑和制作、压缩、分发，以及用户回放等多个环节。

Quick Time是苹果公司提供的系统及代码的压缩包，它拥有C和Pascal的编程接口，更高级的软件可以用它来控制时基信号。应用程序可以用Quick Time来生成、显示、编辑、拷贝、压缩影片和影片数据，就像通常操纵文本文件和静止图像那样。除了处理视频数据以外，诸如Quick Time 3.0还能处理静止图像、动画图像、矢量图、多音轨、MIDI音乐、三维立体、虚拟现实全景和虚拟现实的物体，当然还包括文本。它可以使任何应用程序中都充满各种各样的媒体。

无论是来自用户的数码相机或移动电话的视频，Mac或PC上的影片，还是网站上的媒体片段，不论用户想看什么、想在哪里看，Quick Time技术都能为用户实现。

Quick Time Player拥有简洁的设计和易用的控制选项，为用户带来更多愉悦享受。其界面干净利落，不会妨碍用户观看画面。用户想要快进播放或慢速播放影片，通过一个便捷的滑块，就可以将播放速度设置为标准速度的1/2倍速到3倍速。用户还可以快速搜遍单独的一段视频帧。

Quick Time拥有称为H.264的先进视频压缩技术，以更少的带宽和存储空间呈现绚丽、清晰的高清视频画面。这样，无论用户在何处观看视频，都能感受到原生视频品质。

Quick Time可让用户用数字媒体实现更多。有了Quick Time 7 Pro，用户可以将文件转换为多种格式，还可录制并剪辑作品。第三方插件可以多方向扩展Quick Time技术。Quick Time流媒体解决方案让用户可以用流式传输方式在互联网上传播媒体内容。

第3章

现代通信

现代通信的特征是通信与计算机技术相结合。在信息交换方面，数字信号的交换和处理越来越频繁地使用计算机来实现；在信息传递方面，具有全时空通信功能的移动通信、卫星通信、光纤通信已成为当今传递信息的三大新兴通信手段；在网络发展方面，电信技术已使通信网络可向用户提供更多样化、更现代化的电信新业务，形成综合业务数字网（ISDN）。综合业务数字网是以电话网为基础，将电话、传真、数据、图像、电视广播等业务网络用数字程控交换机和光纤传输、卫星通信及移动通信等系统连接起来，实现信息采集、传递、处理和控制一体化。

它可以提供比普通电话网传输速度更快、容量更大、质量更高的信息通道。现代通信所涉及的技术可归为5类：

①数字技术（包括编解码器、数字信号处理器）；

②软件技术（包括程控时分交换、分组交换）；

③微电子技术（包括超大规模集成电路的计算机辅助设计和微加工）；

④光子技术和光电子技术（包括光纤通信、光纤传感、激光器件、光电子集成）；

⑤微波技术（包括卫星通信与广播、微波接力线路、超高频移动通信等）。

现代通信的发展趋势是，在通信网数字化、综合化的基础上向智能化、宽带化、个人化方向发展。

目前世界上一些发达国家正在实施一项以激光、光缆和多媒体技术为标志的计算机技术与多种通信手段相结合的“信息高速公路”计划。

3.1 移动设备与操作系统

移动设备：也被称为行动装置、流动装置、手持装置等，是一种口袋大小的计算设备，通常有一个小的显示屏幕，触控输入，或是小型的键盘。因为通过它可以随时随地访问获得各种信息，这一类设备很快变得流行。和诸如手提电脑和智能手机之类的移动计算设备一起，PDA（掌上电脑）代表了新的计算机领域。

操作系统是管理计算机硬件与软件资源的计算机程序。操作系统需要处理如管理与配置内存、决定系统资源供需的优先次序、控制输入设备与输出设备、操作网络与管理文件系统等基本事务。操作系统也提供了一个让用户与系统交互的操作界面。

3.1.1 移动设备的发展历程

早期的移动设备主要面向商业用途开发。而后，它们变得更加光滑，性能也更加强大，无论是对于普通用户还是商业用户都更具吸引力。而在如今的移动设备上，不管是商用还是娱乐，它们都能应付自如。

世界上第一台便携式电话是由摩托罗拉总设计师Martin Cooper于1973年发明，他也是世界上首位使用便携式蜂窝电话的人。

1983年，摩托罗拉推出了世界上首款手机DynaTAC 8000X，并取得了极大的商业成功，手机的大范围商业投放标志着通信技术新纪元的开始。从前，在户外打电话的想法听起来遥不可及，但在20世纪80年代，这种新型移动通信技术得到了越来越广泛的传播和应用。

20世纪90年代，手机逐步转变成了智能手机，主要面向商业用户开发。在苹果、Palm及诺基亚的创新下，手机已经不仅仅是一个通话工具，它还加入了QWERTY全键盘、电话簿、日历和其他众多功能。

世界上首款彩屏手机：索尼爱立信T68i，首款配备摄像头的手机：夏普J-SH04（10万像素）。彩色显示屏，拍照和摄像，GPS定位，以及其他更多的先进技术让智能手机从简单的商业工具变身成为一部功能强大的设备，同时极大地增加了受众范围。大量新设备涌现在移动市场，手机的功能也愈加强大。手机和平板被设计用来取代电脑。云技术的运用确保用户设备之间数据的同步。

从全球智能手机市场看，2018—2020年全球智能手机用户数不断增加，《2020全球移动市场报告》发布的数据显示，2020年全球智能手机活跃用户约为34.83亿，预测至2023年全球智能手机活跃用户将超过40亿户。

3.1.2 智能终端常用的操作系统

操作系统是一个庞大的管理控制程序，大致包括5个方面的管理功能：进程与处理机管理、作业管理、存储管理、设备管理、文件管理。常见的智能终端操作系统有Linux，Windows CE，Symbian OS，iPhone OS，Android等。中间件一般包括函数库和虚拟机，使得上层的应用程序在一定程度上与下层的硬件和操作系统无关。应用软件则提供用户直接使用的功能，满足用户需求。从提供功能的层次来看，可以理解为操作系统提供底层（应用程序接口）API，中间件提供高层API，而应用程序提供与用户交互的接口。在某些软件结构中，应用程序可以跳过中间件，而直接调用部分底层API来使用操作系统提供的底层服务。

（1）Linux

Linux操作系统是基于UNIX操作系统发展而来的一种克隆系统，它诞生于1991年10月5日（第一次正式向外公布）。之后借助于Internet网络，并通过全世界各地计算机爱好者的共同努力，目前已成为世界上使用最多的一种类Unix操作系统，并且使用人数还在迅猛增长。

Linux是一套免费使用和自由传播的类Unix操作系统，是一个基于Posix和Unix的多用户、多任务、支持多线程和多CPU的操作系统。它能运行主要的Unix工具软件、应用程序和网络协议。它支持32位和64位硬件。Linux继承了Unix以网络为核心的设计思想，是一个性能稳定的多用户网络操作系统。它主要用于基于Intel x86系列CPU的计算机上。这个系统是由全世界各地的成千上万的程序员设计和实现的，其目的是建立不受任何商品化软件的版权制约的、全世界都能自由使用的Unix兼容产品。

Linux以它的高效性和灵活性著称，Linux模块化的设计结构，使得它既能在价格昂贵的工作站上运行，也能够在廉价的PC机上实现全部的Unix特性，具有多任务、多用户的能力。Linux是在GNU（革奴计划）公共许可权限下免费获得的，是一个符合Posix标准的操作系统。Linux操作系统软件包不仅包括完整的Linux操作系统，而且还包括了文本编辑器、高级语言编译器等应用软件。它还包括带有多个窗口管理器的X-Windows图形用户界面，如同人们使用Windows NT一样，允许使用窗口、图标和菜单对系统进行操作。

（2）Symbian

Symbian操作系统的前身是英国宝意昂公司（Psion）的EPOC操作系统，而EPOC是Electronic Piece Of Cheese取第一个字母而来的，其原意为“使用电子产品时可以像吃乳酪一样简单”，这就是它在设计时所坚持的理念。为了对抗微软及Palm，取得未来智能移动终端领域的市场先机，1998年6月，诺基亚、摩托罗拉、爱立信、三菱和宝意昂在英国伦敦共同投资成立Symbian公司。2008年被诺基亚全额收购。

2012年5月27日，诺基亚彻底放弃开发Symbian系统，但是服务一直持续到2016年。2013年1月24日晚间，诺基亚宣布，今后将不再发布Symbian系统的手机，意味着Symbian这个智能手机操作系统，在长达14年的历史之后，终于迎来了谢幕。2014年1月1日，诺基亚正式停止了Nokia Store应用商店内对Symbian应用的更新，也禁止开发人员发布新应用。

（3）Windows CE

Windows CE是微软公司嵌入式、移动计算平台的基础，它是一个开放的、可升级的32位嵌入式操作系统，是基于掌上型电脑类的电子设备操作系统，它是精简的Windows 95，Windows CE的图形用户界面相当出色。

Windows CE操作系统是Windows家族中的成员，专门设计给掌上电脑（HPCs）以及嵌入式设备所使用的电脑环境。这样的操作系统可使完整的可移动技术与现有的Windows桌面技术整合工作。Windows CE 被设计成针对小型设备（它是典型的拥有有限内存的无磁盘系统）的通用操作系统。

（4）iPhone OS

iPhone OS是由苹果公司开发的手持设备操作系统。苹果公司最早于2007年1月9日的Mac World大会上公布，这个系统最初是设计给iPhone使用的，后来陆续套用到iPod touch、iPad以及Apple TV等苹果产品上。iOS与苹果的Mac OS X操作系统一样，也是以Darwin为基础的，因此同样属于类Unix的商业操作系统。

截至2011年11月，根据知名研究公司Canalys的数据显示，iOS已经占据了全球智能手机系统市场份额的30%，在美国的市场占有率为43%。

（5）Android

Android是一种基于Linux内核（不包含GNU组件）的自由及开放源代码的操作系统。主要使用于移动设备，如智能手机和平板电脑，由美国Google公司和开放手机联盟领导及开发。2007年11月，Google与84家硬件制造商、软件开发商及电信营运商组建开放手机联盟，共同研发改良Android系统。随后Google以Apache开源许可证的授权方式，发布了Android的源代码。第一部Android智能手机发布于2008年10月。Android逐渐扩展到平板电脑及其他领域上，如电视、数码相机、游戏机、智能手表等。2013年的第四季度，Android平台手机的全球市场份额已经达到78.1%。2013年9月24日谷歌开发的操作系统Android在迎来5岁生日时，全世界采用这款系统的设备数量已经达到10亿台。2021年5月19日凌晨消息，谷歌宣布Android 12正式到来。

3.2 智能终端基本设置

一般而言，智能终端是一类嵌入式计算机系统设备，因此其体系结构框架与嵌入式系统体系结构是一致的；同时，智能终端作为嵌入式系统的一个应用方向，其应用场景设定较为明确，因此，其体系结构比普通嵌入式系统结构更加明确，粒度更细，且拥有一些自身的特点。

3.2.1 Android系统的基本设置

Android是一种基于Linux内核（不包含GNU组件）的自由及开放源代码的操作系统。主要使用于移动设备，如智能手机和平板电脑，由美国Google公司和开放手机联盟领导及开发。因其系统为开源系统，各大手机厂商都会根据自己情况进行适当优化与定制，但是基本功能与操作不会有太大变化，其功能主要有以下几种。

（1）语音助手

语音助手是一款智能型的手机应用，通过智能对话与即时问答的智能交互，实现帮助用户解决问题，其主要是帮助用户解决生活类问题与寻找手机相关功能的操作，与iOS系统中的Siri类似。

（2）控制中心

一般是用手指从屏幕顶部向下滑就能打开界面，里边有日常生活中的常用功能，比如飞行模式、Wi-Fi开关、移动数据开关、蓝牙开关、GPS定位开关等。

（3）多任务处理

一般是用手指从屏幕顶部向上滑就能打开界面，里边有用户在使用手机过程中的后台运行程序，用户可以通过点击不同软件程序，从而快速打开与切换。

（4）相机

通过系统桌面点开相机图标即可打开相机，使用者可通过该软件进行拍照、录制视频以及简单的图片处理。

（5）应用商店

各大手机厂商在手机出厂时便将该软件App植入系统之中，手机品牌不同可能名称有所不同，打开该软件后，使用者可以通过搜索等方式快速找到自己需要使用的手机软件，并进行下载、安装、软件升级等操作。

3.2.2 iOS的基本设置

iOS是由苹果公司开发的移动操作系统。iOS与苹果的macOS操作系统一样，属于类Unix的商业操作系统。原本这个系统名为iPhone OS，2010年改名为iOS（iOS为美国Cisco公司网络设备操作系统注册商标，苹果改名已获得Cisco公司授权）。其功能主要有以下几种。

（1）Siri

Siri让用户能够利用语音来完成发送信息、安排会议、查看最新比分等更多事务。只要说出用户想做的事，Siri就能帮用户办到。Siri可以听懂用户说的话、知晓用户的心意，甚至还能有所回应。iOS中的Siri拥有新外观、新声音和新功能。它的界面经过重新设计，以淡入视图浮现于任意屏幕画面的最上层。Siri回答问题的速度更快，还能查询更多信息源，如维基百科。它可以承担更多任务，如回电话、播放语音邮件、调节屏幕亮度等。

（2）FaceTime通话

用户只需轻点一下，就能使用iOS设备通过WLAN或4G网络与其他人进行视频通话，甚至还可以在iPhone或iPad上通过蜂窝网络和朋友们进行FaceTime通话。虽然远在天涯，感觉却像近在咫尺。

（3）Safari浏览器

Safari是一款极其受欢迎的移动网络浏览器。用户不仅可以使用阅读器排除网页上的干扰，还可以保存阅读列表，以便进行离线浏览。iCloud标签可以跟踪各个设备上已打开的网页，因此上次在一部设备上浏览的内容，可以在另一部设备上从停止的地方继续浏览。

（4）通知中心

通知中心可让用户随时掌握新邮件、未接来电、待办事项和更多信息。一个名为“今天”的新功能可为用户总结今日的动态信息，十分便捷。用户扫一眼自己的iPhone，就知道今天是否是某人的生日，是否需要雨伞，或交通状况是否会影响上下班出行，甚至还能收到关于明天的提醒。用户可以从任何屏幕（包括锁定屏幕）访问通知中心，只需向下轻扫，即可迅速掌握各类动态信息。“今天”视图让用户全面掌握今日需要了解的信息，还能小窥一下明日的情形。有了全新“全部”和“未读通知”视图，用户可以查看所有的提醒，或只查看在过去 24 小时内未处理的提醒。

（5）多任务处理

多任务处理始终是在App之间切换的捷径。因为iOS会了解用户喜欢何时使用App，并在用户启动App之前更新用户的内容。因此，如果用户经常在上午9点查看喜爱的社交App，那么用户所关注的相关内容届时将准备就绪，待用户随时取用。这就是iOS的多任务处理功能，用户还没做，它就已经为用户想到了。点按两次主屏幕按钮，即可查看已经打开的App的预览屏幕；若要退出一款App，只需向上轻扫，将它移出预览模式。iOS将更新安排在低功耗的时段，比如在用户的设备开启并连接无线网络时，这样就不会无端消耗电池。

（6）相机

iOS的相机功能将用户所有的拍摄模式置于显要位置，包括照片、视频、全景模式和新增的正方形模式。轻扫一下，用户就能以自己喜欢的方式拍摄想拍的画面，瞬间即成。而全新滤镜可让用户更好地享受每张照片带来的乐趣。用户可为照片增添复古味道，提升对比度，或感受黑白魅力，任用户尽情挥洒艺术创意。

（7）App Store

iOS所拥有的应用程序是所有移动操作系统里面最多的。iOS平台拥有数量庞大的移动App，几乎每类App都有数千款，而且每款App都天生出色。这是因为Apple为第三方开发者提供了丰富的工具和API，从而让他们设计的App能充分利用每部iOS设备蕴含的先进技术。所有App都集中在一处，用户只要使用自己的Apple ID，即可轻松访问、搜索和购买这些App。

第 4 章

商品基础

4.1 商品知识概述

4.1.1 商品与商品基本属性

4.1.1.1 商品的含义

商品是指为了出售而得到货币，有一定使用价值的劳动产品。商品是满足人们某种需要的，用来交换的劳动产品；商品是经过交换且未进入使用过程的劳动产品。

狭义的商品仅指符合定义的有形产品；广义的商品除了可以是有形的产品外，还可以是无形的服务，比如“保险产品”“金融产品”等。

4.1.1.2 商品的基本属性

商品的基本属性是价值和使用价值。价值是商品的本质属性，使用价值是商品的自然属性。

（1）商品的价值

价值是指凝结在商品中的无差别的人类劳动。商品的价值是商品的本质属性，共同属性。商品的价值是商品特有的。

（2）商品的使用价值

商品的使用价值是商品能够满足人们某种需要的属性，不同的商品具有不同的使用价值，不同的使用价值是由物品本身的自然属性决定的；同一种商品具有多种自然属性，因而具有多方面的有用性。

商品的使用价值是维持人类的生存和繁衍、维持社会的生存和发展所必需的。因此，不论财富的社会形式如何，使用价值总是构成财富的物质内容。

一种使用价值与另一种使用价值相交换的量的关系或比例，是商品的交换价值。两种不同的使用价值之所以能按一定的比例相交换，表明它们之间存在着某种共同的东西，这种共同的东西在质上应是相同的，从而在量上才可以进行比较。

4.1.1.3 价值和使用价值两者之间的关系

使用价值是价值的表现形式，价值是使用价值的基础。价值反映了商品的社会属性，体现了商品生产者之间互相交换劳动的社会生产关系。

任何社会经济形态中的商品，都是使用价值和价值的矛盾统一体。一方面，商品的使用价值和价值是统一的，缺少任何一个因素都不能成为商品。另一方面，商品的使用价值和价值又是矛盾的。

①价值的存在要以使用价值的存在为基础，使用价值是价值的物质承担者。

②使用价值作为商品的自然属性，反映的是人与自然的关系；价值作为商品的社会属性，反映的是商品生产者之间的社会关系。

③使用价值是一切有用物品包括商品所共有的属性，是永恒的范畴；价值是商品所特有的属性，是商品经济的范畴。

④商品生产者生产一种商品，是为了取得商品的价值；商品消费者购买一种商品，则是为了取得该商品的使用价值。

因此，商品只有先证明自己具有社会使用价值，才能实现其价值；而为了实现价值，又必须先具有使用价值。

可见，一种具有使用价值的劳动产品，如果只是用来满足商品生产者自己的需要，或只是无偿地交付给别人使用，都不能成为商品；只有通过商品交换把商品卖出去，才能使商品生产者实现商品的价值，使消费者得到使用价值，商品的使用价值和价值的矛盾才能得到解决。

商品的价值量是由生产商品所耗费的劳动量决定的，而劳动量是用劳动时间来衡量的。私人劳动与社会劳动的矛盾是商品经济的基本矛盾。

4.1.1.4 价值和使用价值的区别与联系

（1）价值和使用价值的区别

①含义不同；

②使用价值不是商品的特有属性，价值是商品的特有属性；

③使用价值是商品的自然属性，价值是商品的社会属性；

④使用价值是商品交换的前提，价值是商品交换的基础。

（2）价值和使用价值的联系

①商品是使用价值和价值的统一体，二者缺一不可；

②使用价值是价值的物质承担者，价值是商品的本质属性；

③二者是对立排斥的，无论生产者还是消费者，任何人都不能同时拥有使用价值和价值。

4.1.2 商品质量与标准

4.1.2.1 现代商品的全面质量观

（1）商品质量

商品质量是商品学研究商品使用价值的核心内容，是商品学研究的中心问题。商品质量的一般理解是商品的优劣程度，品质通常指物品、产品或商品的质量，所以说商品质量与商品品质是同义词，商品质量即商品品质。

商品质量有广义和狭义之分：

①狭义的商品质量。狭义的商品质量通常限定在一个特定的范围或领域内，在一定的条件下，满足一定的需要，片面强调某一方面的各种特性。在学术界较典型的狭义商品质量定义有两种：商品质量的自然属性和商品质量的社会属性。

商品质量的自然属性观点。这种观点认为商品质量是评价商品使用价值优劣程度的各种自然属性的综合，用自然属性的商品质量来衡量商品使用价值的大小。商品是否符合预先提出的使用目的、要求的总性能，通常用商品质量表达。我国商品学学术界在新中国成立后曾一度持这种观点。

商品质量的社会属性观点。这种观点认为质量是指特定的商品，在特定的时间、特定的市场，以社会的观点全面评价的结果作为基础，表现为平均使用价值的客观形态。这种观点渗透了商品销售学的观点，带有全面质量管理的质量概念色彩，偏重于商品质量的社会属性。

②广义的商品质量。

A．质量的国家标准定义。GB/T 6583—1994《质量管理和质量保证术语》中给出了有关质量的定义和注释如下：质量（Quality），指反映实体满足明确和隐含需要的能力的特性总和。

a．GB/T 6583—1994对“实体”给出的定义是：可单独描述和研究的事物、实体可以是“活动过程”“产品”“组织、体系或人”上述各项的任何组合。

b．定义中把需要分为“明确需要”和“隐含需要”。明确需要是指在标准、规范、图样、技术要求和其他文件中已经做出规定的需要；隐含需要，一是指顾客和社会对实体的期望，二是指那些人们公认的、不言而喻的、不必明确的“需要”。显然，在合同约定情况下或在法律规定的情况下，应该对隐含需要加以分析研究，识别并加以确定。值得注意的是，这些需要会随时间而变化。

c．特性是指实体所特有的性质，它反映了实体满足需要的能力。

对于硬件和流程性材料类别的产品，大致可归结为以下六个方面的质量特性：性能、可信性、安全性、适应性、经济性、时间性。对于服务类别的产品，大致可归结为以下六个方面的质量特性：功能性、经济性、安全性、时间性、舒适性、文明性。对于软件类别的产品，质量特性大致可以归结为：功能性、可靠性、易使用性、效率、可移植性、可维修性、保密性、经济性。

d．质量特性要由“过程”或“活动”来保证。以上所讨论的质量特性是在设计、研制、生产制造、销售服务，或服务前、服务中、服务后的全过程中实现并得到保证的。也就是说，这些质量特性受到了过程或过程中各项活动的影响，过程中各项活动的质量就决定了特性，从而决定了产品的质量。

e．对质量“满足需要”应有正确的理解。质量不应仅理解为“适用性”“适合目的性”“顾客满意”或“符合要求”，这些说法仅表示了质量概念的某一方面，还要考虑到社会的需要，符合法律、法规、环境安全、能源利用和资源保护等方面的要求，这是十分重要的。另外，GB/T 19000.1—1994中又提出了受益者的概念，供方的受益者有：顾客、员工、所有者，分供方和社会。供方应满足其所有受益者的期望和需要。

f.“质量”一词前面常常可以加上某个恰当的形容词，以进行优良程度的比较和定量的技术评价。如可用“相对质量”来表示实体按某基准所进行的优良程度的排序，该排序并不代表质量的“等级”，即不应与本标准中术语“等级”的概念相混淆。同样，用“质量水平”和“质量度量”也仅仅是在定量意义上所做的技术评价。

g.“质量”能否满足需要是靠全过程来保证的，涉及质量环节所描述的全过程的每一个阶段。这些阶段常常是由于强调它对质量的作用来加以划分和区别的。因此，对于不同类别的产品，以及同类别产品不同的具体情况，是可以有不同阶段的。

B．商品学中全面商品质量的概念。商品质量即商品品质，是在一定的条件下评价商品使用价值优劣程度的各种自然属性和社会属性、商品有形质量和无形质量、内在质量和外观质量、商品满足明确需要和隐含需要能力的特性和特征的总和。

上述的商品质量概念反映了商品学的全面商品质量概念，它从商品学研究的特定对象和范畴、商品使用价值的全面属性，即自然属性和社会属性的全面观点出发，从各个不同角度全面地研究商品质量。商品质量中的“商品”是泛指商品品种的集合。

定义中的“在一定条件下”，反映了商品质量的动态观念。不同历史时期和不同的生产力发展阶段，商品质量属性的内涵也在发生变化。其商品质量随着社会的发展，在不断地发展、变化、修订。例如，可持续发展性商品——绿色商品，将是今后的发展方向。

定义中的“有形质量和无形质量、内在质量和外观质量”反映商品自然属性和社会属性的有形和无形状态、内在和外在的质量特性。

定义中的“明确需要和隐含需要能力”则是从商品标准、法律和法规规范的角度约束商品质量，这种限定是不可缺少的。

C．商品质量的其他定义方式。日本著名的质量管理专家田口玄一教授提出：所谓质量，是商品上市后给予社会的损失，但是由功能本身所产生的损失除外。为了进一步解释，他补充说明：质量定义的另一个问题是关于损失的内容。作为质量定义的损失，限于功能波动的损失和弊害项目的损失。例如，酒能醉人是它的一种功能，因酗酒而蒙受的损失属于由功能本身所产生的损失，不属于酒的质量问题，应属于使用不当的问题。

至于社会允许具有何种功能的商品，那是文化问题，是法律问题，而不是技术问题。与田口玄一的质量定义相似的，还有吴玉印的质量定义：品质是一个制品自出货以后至在社会中完全消灭为止的期间内，给予他人的有形和无形的损失。

（2）保证和提高商品质量的重要意义

①质量是水平的标志。商品质量是一个国家生产力发展水平、技术和经济水平的一个重要标志，也是衡量企业生产能力、企业素质的象征。保证和提高商品质量，是直接关系到我国社会主义现代化建设成败、关系到国民经济发展的大问题。

②质量是企业的生命。在激烈的国内、国际市场竞争中，竞争力的强弱、价格高低、交易成败的关键问题是商品质量。质量是商品的生命，质量是企业的生命。企业要振兴，国家要振兴，靠的是质量。质量是关系到企业生死存亡的重大问题，劣质商品给企业带来的最终

结果是倒闭。

③质量是供给的基础。质量和数量是辩证的关系，它们共处一个矛盾统一体之中。提高商品质量，增加商品数量是增加社会财富的两个渠道。质量是数量有效性的前提，是保证商品长期有效供给的基础和关键。

④质量提供效益。现代质量观是质量与效应的统一观，质量提供效益。质量是效益的前提，效益是质量的结果，有质量才有效益，没有质量就没有效益。因此质量是发展经济和取得效益的关键。

⑤质量控制市场。市场的竞争，实质上是占领市场的商品竞争，而竞争的焦点集中在质量、品种和价格上，这其中最关键的是质量。

4.1.2.2 商品质量的基本要求

商品的种类繁多，其用途和特点各不相同，对商品质量的要求也各不相同。对商品质量的基本要求概括起来，基本可以归纳为：功能保证性、质量指标可信性、性能稳定性、安全性、环保性、经济性、市场性、质量信息服务性等。

（1）功能保证性

功能保证性是指商品保证满足质量要求或完成规定功能和主要用途所必须具备的性能。功能保证性是构成商品使用价值的基本条件，是评定商品质量的基本要求。

（2）质量指标可信性

质量指标（技术指标）是各级各类标准所规定的质量特性必须达到的技术要求。可信性是一种集合特性，包括可用性、适应性、可靠性、维修性、耐用性和商品寿命等。

（3）性能稳定性

性能稳定性是指商品在使用过程中性能的不变动性。它是评价电器类商品和机械类商品质量特性的重要指标。

（4）安全性

安全性是指商品在储存、流通和使用过程中保证人体和周围环境不受伤害的性能。安全指标应符合各级各类标准的相应要求。

（5）环保性

环保性主要是指商品对周围环境的保护性能。它是商品绿色性重要指标之一。商品不污染、破坏环境，是商品可持续发展的重大问题。保护人类赖以生存的自然环境，是目前全球性推行绿色工程的主要目标。

（6）经济性

经济性是指商品的生产者、经营者、消费者都能用尽可能少的费用获得较高的商品质量，从而使企业获得最大的经济效益，使消费者的消费总和最低。

（7）市场性

市场性是指商品的市场质量适应市场消费需求的程度。主要包括商品的适销对路性，即商品要适应市场的消费习惯、适应国内外市场的消费水平、适应季节的变化、适应节日的需要、适应消费市场的时尚等，以及商品的更新换代性和美观舒适性等。

（8）质量信息服务性

质量信息服务性是依照商品有关的质量法规，生产经营者有责任和义务通过其商品或商品包装上的规定标识以及包装内必备的有关文件，向消费者提供有用的质量信息。

4.1.2.3 商品质量标准

（1）标准和制定标准的原则

①标准的概念。标准是在一定的范围内，为获得最佳秩序，对其活动或结果所规定的共同和重复使用的规则和守则。

②制定标准的原则。从全局利益出发，认真贯彻国家技术经济政策，充分满足使用要求，有利于促进科学技术发展的原则。

（2）商品质量标准

①商品质量标准的概念。对商品质量和有关商品质量的各方面（如品种、规格、用途、试验方法、检验方法、标志、包装、储存、运输、养护等）所做的技术规定，称为商品质量标准。

②商品质量标准的主要内容。主要包括：商品的适用范围；商品的品种、规格和结构形式；商品的主要性能；商品的试验、检验方法和验收规则；商品的包装、储存和运输等方面的要求。

（3）商品质量标准的分类

①按标准的约束性分类。

a．强制性标准（GB）：具有法律属性，在一定范围内通过法律、行政法规等手段强制执行的标准是强制性标准：药品、食品卫生、兽药、农药和劳动卫生标准；产品生产、贮运和使用中的安全及劳动安全标准；工程建设的质量、安全、卫生等标准；环境保护和环境质量方面的标准；有关国计民生方面的重要产品标准等。

b．推荐性标准（GB/T）：自愿采用、自愿认证的标准。

②按标准的表达形式分类。

a．文件标准：以文本形式表达，用特定格式的文件，以文字、表格、图样等形式表达商品质量和有关商品质量的各方面所做的技术规定。

b．实物标准：对难以用文字准确表达的质量要求（如色、香、味、手感、质感等），由标准化机构或指定部门用实物制成与文件标准规定的质量要求完全或部分相同的标准样品（标样），按一定程序颁发，用以鉴别商品质量和评定商品等级，称为实物标准。

（4）商品质量标准的分级

①国际标准和国际先进标准。

a. 国际标准。指由国际上权威组织制定，并为大多数国家所承认和通用的标准。

经国际标准化组织认可的标准，也可视为国际标准。国际标准由ISO制定，每隔5年审定一次。

国际标准采用标准代号、编号和标准名称表示。

标准代号：ISO、IEC

编号-标准序号-发布年代号

ISO 8402-1994《质量管理和质量保证术语》

标准代号　标准序号-发布年代号　标准名称

b. 国际区域标准。指由世界区域性集团组织或标准化机构制定的标准。如欧洲标准化委员会（CEN）、欧洲标准（EN）、欧洲电工标准化委员会（CENELEC）制定的标准。

c. 国际权威团体标准。

- 美国试验与材料协会标准（ASTM）；
- 美国石油学会标准（API）；
- 美国军用标准（MIL）；
- 美国机械工程师协会标准（ASME）；
- 美国电气制造商协会标准（NEMA）；
- 美国电子工业协会标准（EIA）；
- 英国船级社标准（LR）。

②采用国际标准的方法。ISO/IEC导则21-1981（E）中规定，一般采用6种方法将国际标准和国际先进标准编入采用国的国家标准。具体包括：认可法、封面法、完全重印法、翻译法、重新制定法、包括与引用法。

③我国标准的分级。根据《中华人民共和国标准化法》（简称《标准化法》）的规定，我国的标准分为国家标准、行业标准、地方标准和企业标准四级。

各级标准的对象、适用范围、内容特性要求和审批权限，由有关法律、法规和规章做出规定。我国由国家质量监督检验检疫总局（国家质检总局）负责统一管理全国的标准化工作。

A. 国家标准：由国务院标准化行政主管部门制定。指由国家标准化主管机构批准发布，对全国经济、技术发展有重大意义，需要在全国范围内统一的标准。

a. 中华人民共和国标准。国家标准是我国标准体系中的主体。国家标准一经批准发布实施，与国家标准相重复的行业标准、地方标准自行作废。国家标准由国务院标准化行政主管部门编制计划、组织草拟，统一审批、编号和发布，以保证国家标准的科学性、权威性和统一性。

国家标准编号示例：

G B ××××—×××× 或

G B/T ××××—××××

国标代号　顺序号　年号

b．国家标准代号。

GB：强制性国家标准代号。

GB/T：推荐性国家标准代号。

GBN：内部发行的国家标准代号。

GBJ：工程建设方面的国家标准代号。

GSB：国家实物标准代号。

BJB：国家军用标准代号。

c．行业标准。由国务院有关行政主管部门制定。没有国家标准而又需要在全国某个行业范围内统一的标准，通常由国家标准化组织下设的某个专业技术委员会负责制定。

行业标准的代号：农业NY、石油化工SH、林业LY、机械JB、轻工QB、环境保护HJ、纺织FZ、煤炭MT、化工HG、商业SY。

用行业的汉语拼音确定行业和标准代码。

例如，农业部行业的标准代码：

NY　1105　2019

农业标准代号　顺序号　批准年代号

B.地方标准。由省、自治区和直辖市标准化行政主管部门制定。指没有国家标准和行业标准而又需要在省、自治区、直辖市范围内统一的标准。

根据《标准化法》规定，制定地方标准的对象需要具备3个条件，即：没有相应的国家标准或地方标准；需要在省、自治区、直辖市范围内统一的事或物；工业产品的安全卫生要求。

地方标准编号组成。地方标准的代号是DB，加上省、自治区、直辖市行政区域代码前两位数字和斜线。上海市强制性地方标准代号为DB31/：上海市推荐性的地方标准代号为DB31/T。

地方标准编号示例：

DB××/　×××—××××　或

DB×× /T　×××—××××

地方标准代号　顺序号　年号

C．企业标准。由企业自己制定。指企业因生产的产品没有相应的国家标准和行业标准而自行制定的标准，它是企业组织生产的依据。

企业标准具有如下特点：

a．企业标准由企业自行制定、审批和发布。产品标准须报当地政府标准化行政主管部门和有关行政主管部门备案。

b．没有国家标准或行业标准的产品，企业应当制定企业标准，作为组织生产的依据。

c．对于已有国家标准或行业标准的产品，国家鼓励企业制定严于国家标准或行业标准的企业标准，在企业内部适用。

企业标准组成。企业标准的代号采用分数形式：

Q/××× ××× -××××

企业标准代号 顺序号 发布年号

4.1.3 商品分类与编码

4.1.3.1 商品分类

（1）商品分类的概念

商品分类是指为了一定目的或满足某种需要，根据商品的属性或特征，选择适当的分类标志将商品划分不同类别并形成系统的过程。

我国通常将商品划分成门类、大类、中类、小类、品类或品目，以及品种、细目、花色、规格等。

①门类：是按国民经济行业共性对商品总的分门别类，属最高类别，我国商品分23个门类。如农林牧渔业、化工产品、医药、金属制品、加工食品、饮料、烟草加工品和饲料。

②大类：是按商品生产和流通中的行业来划分，我国商品在门类的基础上分88个大类。如五金类、交电类、日用百货类、钟表类、针纺织品类、印刷品类等大类。

③中类：即商品种类，也称商品品类或品目。是若干具有共同性质或特征的商品总称，它包括若干商品品种。如针棉织品、塑料制品、橡胶制品等。

④小类：是根据商品的某些特点和性质进一步划分类别。如针棉织品又可分为针织内衣类、针织外衣类、羊毛衫类等。

⑤商品的品种：是按商品的性质、成分等特征来划分，是指具体商品的名称。如西服、洗衣机、皮鞋、啤酒等品种。

⑥商品的细目是对商品品种的详细区分，包括商品的花色、规格、品级等。如180/112A型男西服、230号女式高跟皮鞋等。

通过商品分类，可以将成千上万种商品在生产、交换、流通中，应用科学的方法进行条理化、系统化，以实现商品使用的合理化和流通管理的现代化。因此，商品分类对发展生产，促进流通，满足消费，提高现代管理水平等方面有着重要作用。

（2）商品分类的原则

为了实现商品的科学分类，使商品分类能够满足特定的需要，分类时必须遵循以下原则：

①科学性原则。指商品在分类中所选择的标识必须能反映商品的本质特征并具有明显的区别功能和稳定性，以满足分类的客观要求，发挥分类的作用。科学性是分类的基本前提。

②系统性原则。商品分类的系统性是指以选定的商品属性或特征为依据，将商品总体按一定的排列顺序予以系统化，并形成一个合理的科学分类系统。商品总体分成若干门类后，门类分为若干大类，大类分为若干中类，中类分为若干小类，直至分为品种、规格、花色等。系统性是商品分类的关键。

③实用性原则。商品分类首先应满足国家总政策、总规划的要求，同时应充分满足生产、流通及消费的需要。因此，商品分类应尽最大努力结合各部门、各系统、各行业、各企业及消费者的实际，满足各方面的需要。实用性是检验商品分类的实践标准。

④可扩展性原则。又称后备性原则，即进行商品分类要事先设置足够的收容类目，以保证新产品出现时不至于打乱已建立的原有的分类体系和结构，同时为下级部门便于在本分类体系的基础上进行开拓细分创造条件。

⑤兼容性原则。商品分类要与国家政策和相关标准协调一致。又可与原有的商品分类保持连续性和可转换性，以便进行历史资料对比。

⑥唯一性原则。商品分类体系中的每一个分类层次只能对应一个分类标识，以免产生子项互不相容的逻辑混乱。

（3）商品分类的作用

①商品的科学分类为国民经济各部门和各企业实施各项管理活动以及实现经济管理现代化奠定了科学基础。

②商品的科学分类有助于开展商品教学与科研工作。为了适应教学与研究的需要，对商品进行系统的分类称为教学科研分类。

③商品的科学分类有利于了解商品特性。只有将商品统一分类后，才有可能将研究对象从每一个商品的个性特征归结为每类商品的特征。掌握了每类商品的共同特征，才能深入地分析商品的质量变化规律，才能为提高商品质量和合理使用、储存与运输商品创造条件。

④商品的科学分类有利于推进标准化的活动。将商品统一分类后，有利于确切地掌握商品的生产和销售情况，为商品管理业务创造条件，从而使商品的业务、计划、统计、会计核算等工作顺利进行。

⑤商品科学分类是编制商品目录的基础。将商品科学分类，才能使编制的商品目录有条理，层次分明，眉目清晰。

⑥商品的科学分类有助于实现现代化的管理。将商品进行科学分类，是实现现代化管理的前提和必备手段，为建立统一的经济信息自动化系统，提供信息交流的共同语言，促进经贸活动的发展肩负重大的历史使命。

⑦商品的科学分类有利于在一定范围内使商品名称、类别统一化。便于有秩序的商品市场供给，从而便于消费者和用户的选购。

（4）商品分类标志

商品分类标志的选择是商品分类的基础，是一项十分重要而细致的工作。商品分类可供选择的标志很多，商品的用途、原材料、生产加工方法、化学成分、使用状态等这些商品最本质的属性和特征，是比较常采用的分类标志。

①按商品的用途分类。

商品的用途是体现商品使用价值的标志，同时还是探讨商品质量的重要依据，所以按商品的用途分类，在实际工作中应用得最广泛。它不仅适用于商品大类的划分，也适用于对商品种类、品种等的进一步详细分类。例如根据商品的基本用途，将商品分为生产资料与生活资料两大类；生活资料商品又按不同用途分为食品、衣着用品、家用电器、日用品等类别；在日用商品类中，可按用途分为鞋类、玩具类、洗涤用品、化妆品类等。在化妆品中，按用途还可以在分为皮肤用和毛发用化妆品。在此基础上还可以细分，如毛发用品可以分为清洁类、护发养发类、染发剂等。

以用途为标志的分类方法，便于对相同用途的商品质量进行分析比较；有利于消费者按用途选购商品；有利于商品生产者提高商品质量，开发商品新品种；有利于商业部门搞好商品的经营管理。但对于多用途的商品则不宜采用这种分类标志。

②按商品的原材料分类。

原材料的种类和质量，在很大程度上决定商品的性能和质量。选择以原材料为标志的分类方法是商品的重要分类方法之一。例如，纺织品以原材料为标志分为棉织品、麻织品、丝织品、毛织品、化纤织品、混纺织品等；皮鞋以原料为标志分为牛皮鞋、猪皮鞋、羊皮鞋等。

以原材料为分类标志，商品分类清楚，但对于多种原材料构成的商品，不宜采用这种标志进行分类，如电冰箱、电视机、钟表等。

③按商品的生产加工方法分类。

很多商品，即使采用相同的原材料制造，由于生产方法和加工工艺不同，所形成商品的质量水平、性能、特征等都有明显差异。因此，对相同原材料可选用多种加工方法生产的商品，适宜以生产加工方法作为分类标志。如酒类按酿造方法可分为蒸馏酒、发酵酒、配制酒；茶叶按加工方法分为发酵茶、半发酵茶、不发酵茶等。

对于那些虽然生产方法不同，但产品质量、特征不会产生实质性区别的商品，则不宜使用此种分类方法。

④按商品的主要成分或特殊成分分类。

商品的许多性能、质量、用途往往由商品的成分决定，其中尤为重要的是组成商品的主要成分或特殊成分，因此，这种分类的标志可以通过商品的主要成分或特殊成分说明其主要性能和用途。例如，塑料制品可按其主要成分合成树脂的不同，分为聚乙烯塑料制品、聚氯乙烯塑料制品、聚苯乙烯塑料制品、聚丙烯塑料制品等；又如，玻璃的主要成分是二氧化硅，但根据其中的一些特殊成分可分为钠玻璃、钾玻璃、铅玻璃、硅硼玻璃等。

对化学成分复杂的商品或化学成分不明显的商品，则不宜采用以主要成分或特殊成分作为分类标志。

⑤以其他特征为分类标志。

除上述分类标志外，商品的形状、结构、尺寸、颜色、重量、产地、产季等均可作为商品分类的标志。这些分类标志更容易为消费者接受，其特点是概念清楚、形象直观、特征具体、通俗易记、便于区别。

（5）商品的分类体系

在实际分类工作中，常常是先选择一个主要标志，将商品分成大类，然后再按不同的标志依次地将商品划分成中类、小类直至细目等，这样就形成一个完整的商品分类体系。

目前我国常采用的商品分类体系可概括为基本分类体系、国家标准分类体系、应用分类体系三大体系。

①基本分类体系。基本分类体系是按商品的基本使用价值即商品的用途作为分类标志，将商品分为生活资料商品（供衣、食、住、行、用等的商品）和生产资料商品（工业生产资料商品、农业生产资料商品）两大类。基本分类体系对于组织生产和消费水平的宏观调控具有重要作用。

②国家标准分类体系。国家标准分类体系是为适应现代化经济管理的需要，以国家标准形式对商品进行科学、系统地分类编码所建立的商品分类体系。2002年修订颁布的国家标准GB/T7635.1—2002《全国工农业产品（商品、物资）分类与代码》，这是全国各部门、各地区必须一致遵守的商品分类与商品编码准则。分类编码体系为层次结构，由五层五位代码组成：第一层有5个大部类，第二层有39个部类，第三层有185个大类，第四层有715个中类，第五层有538个小类，共列入1482个类目。

③应用分类体系。应用性分类体系是以实用性为原则，为满足使用者的需要进行分类所形成的分类体系。这种分类体系是从处理商品方便角度出发，没有统一的分类标志，而是根据商品的某些共性加以分类，可以适应不同分类目的的需要，是一种实用性很强的分类体系。

4.1.3.2 商品编码

（1）商品编码的概念

商品编码又称商品代码，或商品代号、货号，是在商品分类的基础上，赋予某种或某类商品的代表符号，通常用具有一定规律的阿拉伯数字组成。

商品编码往往是商品目录的组成部分，商品分类与编码共同构成了商品目录的完整内容。使用商品编码，是为了加强企业的经营管理，提高工作效率，便于计划、统计、物价管理及核算工作，简化业务手续；使用商品编码还可以便于记忆、清点商品，便于实现现代化管理；对于容易混淆的商品名称，使用商品编码可以避免差错。

（2）商品代码的种类

①数字型代码。是用一个或若干个阿拉伯数字表示分类对象（商品）的代码，其特点是结构简单，使用方便，易于推广，便于计算机进行处理。

②字母型代码。是用一个或若干个字母表示分类对象的代码。特点是便于记忆，比同样位数的数字型代码的容量大，可提供便于人们识别信息，但不利于计算机的识别与处理，并且适用于分类对象数目较少的情况。

③数字、字母混合型代码。是由数字和字母混合组成的代码，它兼有数字型代码和字母型代码的优点，结构严密，具有良好的直观性和表达式，同时又适合于使用上的习惯。但是由于组成形式复杂，给计算机输入带来不便，录入效率低，错码率高。

④条形码。条码是将表示一定信息的字符代码转换成用一组黑白（或彩色）相间的平行线条，按一定的规则排列。

⑤组合的特殊图形符号。

举例：

全国工农业产品（商品、物资）分类与代码

A　农、林、牧、渔业产品

01　　　　农业产品

0101　　　粮食作物产品

010110　　小麦

01011001　冬小麦

（3）商品编码的编制方法

2002年修订颁布的国家标准GB/T7635.1–2002《全国工农业产品（商品、物资）分类与代码》，统一了全国商品的分类和编码。

根据这一国家标准，商品编码编制的方法如下：

①代码分为六个层次，各层次分别命名为大部类、部类、大类、中类、小类、细类，由8位数字组成。

②代码用8位阿拉伯数字表示。第一至第五层各用1位数字表示，第一层代码为0–4，第二、第五层代码为1–9，第三、第四层代码为0–9，第六层用3位数字表示，代码为010–999，采用了顺序码和系列顺序码；第五层和第六层代码之间用圆点（·）隔开，信息处理时应省略圆点符号。

③第二至第五层代码，仅在1大部类、2大部类和4大部类的第三、第四层中，有6条类目的代码个位数为“0”，如代码110、120、130、250、4160、4740，其余以备用。

④第六层的顺序码为011–999。系列顺序码（即分段码）其个位数是0（或9）的3位数字代码，如代码01111·010–099或48412·309–·399等。

⑤第六层的代码001–009为特殊区域，其所列产品类目按不同的特征属性再分类或按不同的要求列类，以满足管理上的特殊需要。信息统计时，对所列产品同一类目的下位类的数据可以汇总，类目之间的数据不能汇总，也不能与代码表中其余相关类目的数据汇总。

⑥当分类终止于中间某一层级的类目名称的代码，信息处理时补“0”至设计的总码长，标准文本不补“0”。

（4）商品编码的原则

①唯一性。唯一性是指商品项目与其标识代码一一对应，即一个商品项目只有一个代码，一个代码只标识同一商品项目，不同商品项目的商品必须分配不同的商品标识代码。

②无含义性。无含义性是指商品标识代码中的每一位数字不表示任何与商品有关的特定

信息。有含义的编码，通常会导致编码容量的损失。厂商在编制商品项目代码时，最好使用无含义的流水号。

③稳定性。稳定性是指商品标识代码一旦分配，就应保持标识代码不变，这样利于各环节的管理信息系统数据保持一定的连续性和稳定性。

④简易性。简易性是指商品标识代码简明、易记、易检验，既便于手工，又便于计算机处理。

⑤可扩充性。可扩充性是指商品标识代码的四层结构中，每层都要留有适当空码，方便后续增加或调整类目，而不用破坏该商品编码结构，能保证编码系统的灵活性。

⑥自检性。自检性是指商品标识代码具备自身核对性能，便于计算机校对是否有误。

⑦层次性。层次性是指商品标识代码能清晰反映商品分类体系和分类目录内部固有的逻辑关系。

⑧协调性。协调性是指商品标识代码能实现信息交流和信息共享，是在原海关合作理事会商品分类目录和国际贸易标准分类目录的基础上，协调国际上多种商品分类目录而制定的一部多用途的国际贸易商品分类目录，主要应用在进出口商品中。

4.2 商品检验与养护

商品检验是指商品的生产方、买方或者第三方在一定条件下，借助于某种手段和方法，按照合同、标准或国内外有关法律、法规、惯例，对商品的质量、规格、重量、数量、包装、安全及卫生等方面进行检查，并做出合格与否或通过验收与否的判定或为维护买卖双方合法权益，避免或解决各种风险损失和责任划分的争议，便于商品交接结算而出具各种有关证书的业务活动。

4.2.1 商品检验的类型、内容与依据

4.2.1.1 商品检验的类型

(1) 按检验目的的不同分类

通常可分为生产检验、验收检验和第三方检验三种。

①生产检验：又称第一方检验、卖方检验。是由生产企业或其主管部门自行设立的检验机构，对所属企业进行原材料、半成品和成品产品的自检活动。目的是及时发现不合格产品，保证质量，维护企业信誉。经检验合格的商品应有“检验合格证”标志。

②验收检验：又称第二方检验、买方检验。是由商品的买方为了维护自身及其顾客利

益，保证所购商品符合标准或合同要求所进行的检验活动。目的是及时发现问题，反馈质量信息，促使卖方纠正或改进商品质量。在实践中，商业或外贸企业还常派“驻厂员”，对商品质量形成的全过程进行监控，对发现的问题及时要求生产方解决。

③第三方检验：又称公正检验、法定检验。是由处于买卖利益之外的第三方（如专职监督检验机构），以公正、权威的非当事人身份，根据有关法律、标准或合同所进行的商品检验活动，如公证鉴定、仲裁检验、国家质量监督检验等。目的是维护各方面合法权益和国家权益，协调矛盾，促使商品交换活动的正常进行。

（2）按接受检验商品的数量不同分类

可分为全数检验、抽样检验和免于检验。

①全数检验：又称全额检验、百分之百检验，是对整批商品逐个（件）地进行测试的检验。其特点是能提供较多的质量信息，给人一种心理上的放心感。缺点是由于检验量大，其费用高，易造成检验人员疲劳而导致漏检或错检。

②抽样检验：是按照已确定的抽样方案，从整批商品中随机抽取少量商品用作逐一测试的样品，并依据测试结果去推断整批商品质量合格与否的检验。它具有占用人力、物力和时间少的优点，具有一定的科学性和准确性，是比较经济的检验方式。但检验结果相对于整批商品实际质量水平，总会有一定误差。

③免于检验：即对于生产技术水平高和检验条件好、质量管理严格、成品质量长期稳定的企业生产出来的商品，在企业自检合格后，商业和外贸部门可以直接收货，免于检验。

（3）按商品内、外销售情况分类

可分为内销商品检验和进出口商品检验两种。具体有以下检验方法：

①工厂签证，商业免检：工厂生产出来的产品，经工厂检验部门检验签证后，销售企业可以直接进货，免于检验程序。该形式多适用于生产技术条件好、工厂检测手段完善、产品质量管理制度健全的生产企业。

②商业监检，凭工厂签证收货：商品监检是指销售企业的检验人员对工厂生产的半成品、成品及包装，甚至原材料等，在工厂生产全过程中进行监督检验，销售企业可凭工厂检验签证验收。该形式适用于比较高档的商品质量检验。

③工厂签证交货，商业定期不定期抽验：对于某些工厂生产的质量稳定的产品，质量信得过的产品或优质产品，一般是工厂签证后便可交货，但为确保商品质量，销售企业可采取定期不定期抽验的方法。

④商业批检：商业批检是指销售企业对厂方的每批产品都进行检验，否则不予收货。此种检验形式适用于质量不稳定的产品。

⑤行业会检：对于多个厂家生产同一种产品的情况，在同行业中由工商联合组织行业会检。一般是联合组成产品质量评比小组，定期或不定期地对行业产品进行检验。

⑥库存商品检验：仓储部门对贮存期内易发生质量变化的商品所进行的定期检验，目的是及时掌握库存商品的质量变化状况，以达到安全贮存的目的。

⑦法定检验：是根据国家法令规定，对指定的重要进出口商品执行强制性检验。其方法

是根据买卖双方签订的经济合同或标准进行检验，对合格商品签发检验证书，作为海关放行凭证。未经检验或检验不合格的商品，不准出口或进口。

⑧公证检验：公证检验是不带强制性的，完全根据对外贸易关系人的申请，接受办理的各项鉴定业务检验。商品检验机构以非当事人的身份和科学公正的态度，通过各种手段，来检验与鉴定各种进出口商品是否符合贸易双方鉴定的合同要求或国际上有关规定，得出检验与鉴定结果、结论，或是提供有关数据，以便签发证书或其他有关证明等。

⑨委托业务检验：委托业务检验是我国商检机构与其他国家商检机构，开展相互委托检验业务和鉴定工作。各国质量认证机构实行相互认证，大大方便了进出口贸易。

（4）按检验是否具有破损性分类

可分为破损性检验和非破损性检验。

①破损性检验：是指为了对商品进行各项技术指标的测定、试验，经试验后的商品会遭受破损，甚至再无法使用的检验，如加工食品罐头、饮料以及茶类等的检验。

②非破坏性检验：是指经过检验的商品仍能发挥其正常使用性能的检验，如对电器类、纺织品类等的检验。

4.2.1.2 商品检验内容

《中华人民共和国进口商品检验法》规定，进出口商品实施检验的内容，包括商品的质量、规格、数量、重量、包装，以及是否符合安全、卫生要求。检验的依据主要以买卖合同（包括信用证）中所规定的有关条款为准。

（1）商品品质检验

品质检验也称质量检验，是运用各种检验手段，包括感官检验、化学检验、仪器分析、物理测试、微生物学检验等，对商品的品质、规格、等级等进行检验，确定其是否符合贸易合同（包括成交样品）、标准等规定。

品质检验的范围很广，大体上包括内在质量检验与外观质量检验两个方面。内在质量检验一般指对有效成分的种类、含量，有害物质的限量，商品的化学成分、物理性能、机械性能、工艺质量、使用效果等的检验。外观质量检验主要是对商品的外形、结构、花样、色泽、气味、触感、表面加工质量、表面缺陷等的检验。

（2）商品重量和数量的检验

数量和重量是贸易双方成交商品的基本计量计价单位，是结算的依据，直接关系到双方的经济利益，也是贸易中比较敏感而且容易引起争议的因素之一。商品的数量和重量检验内容包括商品的个数、长度、面积、体积、容积、重量等。

（3）商品包装检验

包装检验是指根据购销合同、标准和其他有关规定，对内销商品或进出口商品的外包装和内包装以及包装标志进行的检验。

包装检验首先核对外包装上的商品包装标志（标记、号码等）是否与有关标准的规定或贸易合同相符。对进口商品主要检验外包装是否完好无损，包装方式、包装材料和衬垫物等是否符合合同规定要求。对外包装破损的商品，要另外进行验残，查明货损责任方以及货损程度。对发生残损的商品要检查其是否由于包装不良所致。对出口商品的包装检验，除包装方法和包装材料必须符合外贸合同、标准规定外，还应检验商品内外包装是否牢固、完整、干燥、清洁，是否符合长途运输和保护商品质量、数量的要求。

商检机构对进出口商品的包装检验，一般抽样检验或在当场检验，或进行衡器计重的同时结合进行。

（4）商品卫生检验

卫生检验主要是根据《中华人民共和国食品安全法》《中华人民共和国药品管理法》《化妆品卫生监督条例》等法规，对食品、食品包装材料、药品、化妆品、玩具、纺织品、日用器皿等进行的卫生检验，检验其是否符合卫生条件，以保障人民健康和维护国家信誉。

（5）商品安全性能检验

安全性能检验是根据国家规定、技术标准、外贸合同以及进口国的法令要求，对进出口商品有关安全性能方面的项目进行的检验，如易燃、易爆、易触电、易受毒害、易受伤害等，以保证生产使用和生命财产的安全。目前，除进出口船舶及主要船用设备材料和锅炉及压力容器的安全监督检验，根据国家规定分别由船舶检验机构和劳动部门的锅炉、压力容器安全监察机构负责监督检查外，其他进出口商品涉及安全性能方面的项目，由商检机构根据外贸合同规定及国内外的有关规定和要求进行检验，以维护人身安全和确保经济财产免遭侵害。

（6）其他检验

根据生产方、买方实际需求进行其他的检验。

4.2.1.3 商品检验依据

商品检验是对商品进行的检查、核实行为，是使用规定的科学检测手段，检查商品是否符合规格、标准的活动。商品检验必须依照标准或技术法规的规定和程序进行，判断合格与否。

（1）进出口商品检验的依据

①检验检疫商品目录。

a. 凡列入该目录的进出境商品，必须经出入境检验检疫机构签发的《入境货物通关单》或《出境货物通关单》验放。

b.《检验检疫商品目录》习惯上被称为法检商品种类表，是我国有关需实施法定检验检疫的进出口商品种类、名称的最重要和最详细的法律文件。

c. 根据国家利益的需要和贸易条件的变化，国家质检总局有权随时发布文告，对检验检疫商品目录的有关内容、列入的商品名称、种类等进行增加或删减等调整。

②依据法律、法规和标准实施检验。

（2）内贸商品检验的依据

①质量标准。质量标准是监督、检验商品质量的主要依据，是生产、经销企业必须执行的技术法规。具有法律效力的质量标准有国家标准、行业标准、地方标准和企业标准等。

②统检细则。统一检验项目、统一检验方法、统一技术指标和统一判据。

③检验规则。临时检验项目、检验方法、技术指标、判据。

④购销合同。供需双方约定的质量要求，必须共同遵守，一旦发生质量纠纷时，购销合同的质量要求，即为仲裁的法律依据。

⑤名优产品技术条件。不同行业、不同产品有其对应的技术条件。

4.2.2 商品抽样的原则、要求与方法

（1）商品抽样的含义

商品抽样也称取样、采样、拣样，是指从被检验的商品中按照一定方法采集样品的过程。

（2）商品抽样的原则

①典型性原则。典型性原则是指被抽取的样品能反映整批商品在某些（个）方面的重要特征，能发现某种情况对商品质量造成的重大影响。如食品的变质、污染、掺杂及假冒劣质商品的鉴别。

②代表性原则。代表性原则是指被抽取的一部分商品必须具备整批商品的共同特征，以使鉴定结果能成为决定此大量商品质量的主要依据。

③适时性原则。适时性原则是指针对质量、成分、含量、性能等会随时间或容易随时间的推移而发生变化的商品，要求及时抽样并进行鉴定。如各类农副产品中农药或杀虫剂残留量的鉴定，新鲜果蔬中各类维生素含量的鉴定等。

（3）商品抽样的要求

按各类商品的抽样要求抽样，注意抽样部位均匀分布，每个抽样部位的抽样数量（件）保持一致。

①抽样的同时应做好记录，内容包括：抽样单位、地址、仓位、车间号、日期、样品名称、样品批号、样品数量、抽样者姓名等。

②抽取的样品应妥善保存，保持样品原有的品质特征。抽样后应及时鉴定。

③抽样应当依据抽样对象的形态、性状，合理选用抽样工具与样品容器。抽样工具与样品容器必须清洁，不含被鉴定成分，供微生物鉴定的样品应无菌操作。

④外地调入的商品，抽样前应检查有关证件，如运货单、质量鉴定证明、商标等，然后检查外表，包括检查包装以及起运日期、整批数量、产地等情况。

（4）商品抽样的方法

抽样的目的在于通过尽可能少的样本所反映出的质量状况来统计推断整批商品的质量水平。

目前，被广泛采用的是随机抽样法，即被检验整批商品中的每一件商品都有同等机会被抽取的方法。被抽取机会不受任何主观意志的限制，抽样者按照随机的原则、完全偶然的方法抽取样品，因此比较客观，适用于各种商品、各种批量的抽样。为了使选取的样品能准确反映检查批的总体质量，应提倡采用符合概率论与数理统计理论的抽样方法。

常用的抽样方法有系统随机抽样法、分层随机抽样法和简单随机抽样法三种。

①系统随机抽样法。系统随机抽样法又称等距随机抽样法、规律性随机抽样法。它是先将整批同类商品按顺序编号，并随机决定某一个数为抽样的基准号码，然后按已确定的“距离”机械地抽取样品的方法，如按2，12，22，……的顺序抽取样品。这种抽样方法抽样分布均匀，比简单随机抽样更为精确，适用于较小批量商品的抽样，但当被检批商品质量问题呈周期性变化时，则易产生较大偏差。

②分层随机抽样法。分层随机抽样法又称分组随机抽样法、分类随机抽样法。它是将整批同类商品按主要标志分成若干个组，然后从每组中随机抽取若干样品，最后将各组抽取的样品放在一起作为整批商品的检验样品的抽样方法。分层随机抽样法适用于批量较大的商品检验，尤其是当批中商品质量可能波动较大时，如不同设备、不同时间、不同生产者生产的商品组成的被检批。它抽取的样本有很好的代表性，是目前使用最多、最广的一种抽样方法。

③简单随机抽样法。简单随机抽样法又称单纯随机抽样法。它是对整批同类商品不经过任何分组、划类、排序，直接从中按照随机原则抽取检验样品的抽样方法。简单随机抽样通常用于批量不大的商品的抽样，通常是将批中各单位商品编号，利用抽签或随机表抽样。从理论上讲，简单随机抽样最符合随机的原则，可避免检验员的主观意识的影响，是最基本的抽样方法，是其他复杂随机抽样方法的基础。但当批量较大时，则不宜使用这种方法。

4.2.3 商品检验方法

4.2.3.1 理化检验法

理化检验法是在一定实验室环境下，利用各种仪器、器具和试剂等手段，运用物理、化学、生物学原理测试商品质量的方法。它主要用来检验商品的成分、结构、物理性质、化学性质、安全性、卫生性等。理化检验法的显著特点是可用数据定量表示测定结果，相较于感官检验法，其结论更客观和精确。同时，对检验设备、仪器和检验人员素质也有较高要求。

理化检验法根据其使用原理可分为物理检验法、化学检验法和生物学检验法。

（1）物理检验法

物理检验法是运用各种物理仪器、量具对商品的各种物理性能和指标进行测试检验，以确定商品质量的方法。根据测试检验的内容不同，可分为度量衡检验、力学检验、电学检验、热学检验、光学检验等。

（2）化学检验法

化学检验法是用化学试剂和仪器对商品的化学成分及其含量进行测定，从而判定商品品质的检验方法。化学检验法按检验手段可分为化学分析法和仪器分析法。

（3）生物学检验法

生物学检验法主要是用于对食品、动植物及其制品、医药类商品进行的检验，它包括微生物学检验和生理学检验。

4.2.3.2 感官检验法

感官检验法是以人体感觉器官作为检验器具，对商品的色、香、味、形、手感、音质、音色等感官质量特性做出判定和评价的检验方法。该方法操作简便、灵活易行、节省费用，特别适用于目前还不能用仪器定量评价其感官指标的商品。

（1）感官检验

依据检验时所主要使用的感觉器官的不同，分为视觉检验、嗅觉检验、味觉检验、触觉检验和听觉检验。

（2）感官检验法的特点

①方法简单，快速易行；
②不需复杂、特殊的仪器设备和试剂或特定场所，不受条件限制；
③一般不易损坏商品；
④成本较低；
⑤检验结果很难用确切的数值表示；
⑥鉴定结果易带主观性。

感官鉴定法在商品鉴定中有着广泛的应用，并且任何商品对消费者来说总是先用感觉器官来进行评价质量的，所以感官鉴定十分重要。因此在工业和商业的产、供、销过程中经常使用这种方法。

（3）感官检验法的局限性

①不能检验商品的内在质量，如成分、结构、性质等。

②检验的结果不精确，不能用准确的数值来表示，是一种定性的方法，结果只能用专业术语或记分法表示商品质量的高低。

③检验结果易带有主观片面性，常受检验人员知识、技术水平、工作经验、感官的敏锐程度等因素的影响，再加上审美观不同以及检验时的心理状态，影响结果的准确性，因此使检验的结果有时带有一定的主观性，科学性不强。

4.2.3.3 仪器分析检验法

仪器分析法是采用光、电等方面比较特殊或复杂的仪器，通过测量商品的物理性质或物理化学性质来确定商品的化学成分的种类、含量和化学结构以判断商品质量的检验方法。它包括光学分析法和电学分析法。

4.2.4 商品养护方法

4.2.4.1 防霉腐方法

（1）低温防霉腐

①冷却法：又称冷藏法，是使贮存温度控制在0～10℃的低温防霉腐方法。如蔬菜、糕点等。但在此低温下，低温性霉腐微生物仍然适于繁殖，因此，采用冷却法的食品贮存期不宜过长。

②冷冻法：一般使贮存温度控制在-18℃的低温防霉腐方法。先将食品进行深冷速冻处理，使食品深层温度达到-10℃左右时，再移至-18℃温度下贮存。这时，所有霉腐微生物都停止繁殖，长时间的冷冻还能造成部分微生物死亡。因此，采用冷冻法适宜长期贮存生鲜动物食品。

（2）干燥防霉腐

通过脱水干燥，使商品的水分含量在安全贮存水分之下，以抵制霉腐微生物的生命活动而达到商品防霉腐目的的一种养护方法。

按照脱水手段的不同，分为自然干燥法和人工干燥法。

①自然干燥法：是利用阳光、风等自然因素，对商品进行日晒、风吹、阴凉而使商品脱水的干燥方法，此法简单易行，成本低廉，常用于粮食、食品等商品的贮存。

②人工干燥法：是利用热风、直火、远红外线、微波、真空等手段使商品干燥的方法，此法需要一定的设备、技术和较大的能量消耗，成本较高，主要用于食品的贮存。

（3）缺氧气调防霉腐

根据好氧微生物需氧代谢的特性，通过调节密封环境中气体的组成成分来抵制霉腐微生物的生理活动、酶的活性和减弱鲜活食品的呼吸强度，以达到食品防霉变、防腐烂和保鲜的目的。

按照设备条件的不同，缺氧气调防霉腐分为自发气调法和机械气调法。

①自发气调法，又称普通气调法，是利用鲜活食品本身的呼吸作用来降低塑料薄膜内氧的含量，增加二氧化碳浓度，起到气调的作用。

②机械气调法，是在密封库或密封垛内，利用二氧化碳或氮气发生器等设备，填充二氧化碳或氮气、排出空气的气调方法。

（4）药剂防霉腐

利用化学药剂使霉腐微生物的细胞和新陈代谢活动受到抑制或破坏，从而达到抑制或杀灭微生物，防止商品霉腐目的的一种防霉腐方法。选用药剂，应考虑低毒、高效、无副作用、价廉等原则，同时还应考虑对人体健康有无影响、对环境有无污染等。

（5）辐射防霉腐

主要用于鲜活食品贮存，是利用同位素钴60与铯137放射出的穿透力很强的射线辐射状照射食品，以杀灭食品商品上的微生物，破坏酶的活性，抵制鲜活食品的生理活动，从而达到防酶腐目的的一种贮存养护方法。但这种方法存在食品色泽变暗，有轻微异味等问题。

4.2.4.2 防金属腐蚀方法

（1）涂油防腐蚀

在金属商品表面涂覆一层油脂薄膜的隔离防腐蚀方法。但由于防腐蚀油脂存在干裂、变质的问题，仍有发生金属腐蚀的危险，因此，是一种短期防腐蚀的方法。

（2）密封防腐蚀

密封防腐蚀是采用可剥性塑料将金属商品封存的一种隔离防腐蚀方法。这种方法可较长期地防止金属商品发生腐蚀。

（3）气相缓蚀剂防腐蚀

气相缓蚀剂防腐蚀是在金属制品的封闭包装内使用具有挥发性的气相缓蚀剂，使缓蚀气体充满包装空间以防止商品腐蚀的方法。这是一种新方法，使用方便，不污染商品及其包装，特别适用于结构复杂的金属制品，可长期防止金属商品发生腐蚀。

4.2.4.3 防治虫害方法

（1）化学杀虫法

化学药剂防治害虫的方法，分为熏蒸杀虫法、接触杀虫法和胃毒杀虫法。

①熏蒸杀虫法：利用熏蒸杀虫剂汽化后，通过害虫呼吸系统进入虫体，使害虫中毒死亡。

②接触杀虫法：利用杀虫剂接触虫体后，透过表皮进入体内，引起害虫中毒死亡。

③胃毒杀虫法：利用杀虫剂随食物进入虫体，通过胃肠吸收而使害虫中毒死亡。

（2）物理杀虫法

物理杀虫法是利用各种物理因素，破坏害虫生理活动和机体结构，使其不能生存或繁殖的方法。

①高温杀虫法：主要用于耐高温商品的害虫防治，是利用日光暴晒、烧烤等产生的高温，作用于贮存商品中的仓虫机体使其致死的方法。

②低温杀虫法：利用低温使害虫体内酶的活性受到抵制，生理活动缓慢，处于半休眠状

态，不食不动，不能繁殖，因时间过长体内营养物质过度消耗而死亡。

③射线杀虫与射线不育法：分别利用高剂量与较低剂量的射线照射虫体。

④微波杀虫法：利用高频电磁场使虫体内水分子等成分分子发生高频振动，分子间剧烈摩擦而产生大量热能，使虫体温度达到60℃以上而死亡。

⑤远红外线杀虫法：是利用远红外线对虫体的光辐射所产生的高温，直接杀死害虫。

（3）生物学杀虫法

生物学杀虫法是利用害虫的天敌和人工合成的昆虫激素类似物来控制和消灭害虫。

4.2.4.4 防老化方法

①妥善包装：有利于与商品外界隔离，从而减弱空气中氧和温湿度对贮存商品的不良影响。

②合理放置：库房应清洁、干燥、凉爽，门窗玻璃涂刷白色以防阳光直射；不与油类、腐蚀性商品或含水量大的商品同库存放。堆码不要过高、过重并要注意通风。

③管好温湿度：依据商品特性，认真调节库内温湿度，将其稳定地控制在商品要求的范围内。

4.3 商品包装

4.3.1 认识商品包装

我国国家标准（GB/T 4122.1—2008）《包装通用术语》中，对现代商品包装做了明确定义："为了在流通过程中保护产品，方便储存，促进销售，按一定技术方法而采用的容器、材料及辅助等的总体名称。"也指："为了达到上述目的采用的容器、材料和辅助物的过程中施加一定技术方法等的操作活动。"

理解商品包装的含义，包括两方面的意思：一方面是指盛装商品的容器，通常称作包装物，如箱、袋、筐、桶、瓶等；另一方面是指包扎商品的过程，如装箱、打包等。商品包装具有从属性和商品性两种特性。包装是其内装物的附属品。商品包装是附属于内装物的特殊商品，具有价值和使用价值，同时又是实现内装商品价值和使用价值的重要手段。

4.3.1.1 基本分类

商品包装种类繁多，常见的商品包装的分类和包装种类如下。

（1）按商业经营习惯分类

①内销包装：是为适应在国内销售的商品所采用的包装，具有简单、经济、实用的特点。

②出口包装：是为适应商品在国外的销售，针对商品的国际长途运输所采用的包装。在保护性、装饰性、竞争性、适应性上要求更高。

③特殊包装：是为工艺品、美术品、文物、精密贵重仪器、军需品等所采用的包装，一般成本较高。

（2）按流通领域中的环节分类

①小包装：是直接接触商品，与商品同时装配出厂，构成商品组成部分的包装。商品的小包装上多有图案或文字标识，具有保护商品、方便销售、指导消费的作用。

②中包装：是商品的内层包装，通常称为商品销售包装，多是具有一定形状的容器等。它具有防止商品受外力挤压、撞击而发生损坏或受外界环境影响而发生受潮、发霉、腐蚀等变质变化的作用。

③外包装：是商品最外部的包装，又称运输包装，多是若干个商品集中的包装。商品的外包装上都有明显的标记。外包装具有保护商品在流通中安全的作用。

（3）按包装形状和分类

以包装材料为分类标志，商品包装可分为纸类、塑料类、玻璃类、金属类、木材类、复合材料类、陶瓷类、纺织品类、其他材料类等包装。

（4）按防护技术方法分类

以包装防护技术方法为分类标志，商品包装可分为贴体、透明、托盘、开窗、收缩、提袋、易开、喷雾、蒸煮、真空、充气、防潮、防锈、防霉、防虫、无菌、防震、遮光、礼品、集合包装等。

4.3.1.2 技术要求

（1）适应各种流通条件的需要

要确保商品在流通过程中的安全，商品包装应具有一定的强度，坚实、牢固、耐用。对于不同运输方式和运输工具，还应有选择地利用相应的包装容器和技术处理。总之，整个包装应适应流通领域中的储存运输条件和强度要求。

（2）应适应商品特性

商品包装必须根据商品的特性，分别采用相应的材料与技术，使包装完全符合商品理化性质的要求。

（3）适应标准化的要求

商品包装必须推行标准化，即对商品包装的包装容（重）量、包装材料、结构造型、规格尺寸、印刷标志、名词术语、封装方法等加以统一规定，逐步形成系列化和通用化，以便有利于包装容器的生产，提高包装生产效率，简化包装容器的规格，节约原材料，降低成本，易于识别和计量，有利于保证包装质量和商品安全。

（4）包装要“适量、适度”

对销售包装而言，包装容器大小与内装商品相宜，包装费用应与内装商品相吻合。预留空间过大、包装费用占商品总价值比例过高，都是有损消费者利益，误导消费者的“过分包装”。

（5）商品包装要做到绿色、环保

商品包装的绿色、环保要求要从两个方面认识：首先，材料、容器、技术本身应是对商品、对消费者而言，是安全的和卫生的。其次，包装的技法、材料容器等对环境而言，是安全的和绿色的，在选材料和制作上，遵循可持续发展原则，节能、低耗、高功能、防污染，可以持续性回收利用，或废弃之后能安全降解。

4.3.2 商品包装的要求

在进行商品包装时，一般要综合考虑科学性、经济性、美观性、牢固性、适销性、卫生性及环保性。

（1）科学性

合理选择材料、工艺、造型等。

（2）经济性

以最少的人、财、物获取最大的收益，强调适度包装。

（3）美观性

商品包装，尤其是销售包装在对外贸易中更为重要。要按照国际市场的款式、规格，在商品包装装潢设计中体现美观新颖，富有艺术感。图案简洁、雅致；色泽明朗、悦目；主题鲜明，具有民族风格；文字说明简明、浅易、真实、生动，促进销售，方便顾客识别。

（4）牢固性

必须保证在商品流通过程中的各种外因作用下，被包装的商品品质、数量完好无缺。设计和选用的包装容器，要有耐冲击力、防震能力、抗跌落强度、耐压强度等；要有良好的耐温、防湿、避光、防霉等功能。

（5）适销性

应满足色彩、文字、适合消费习惯。女性用品应柔和洁雅、精巧别致，突出艺术性和流行；男性用品应刚劲粗犷、豪放潇洒，突出实用性和科学性；儿童用品应形象生动、色彩艳丽，突出趣味性和知识性，以诱发儿童的好奇心和求知欲；青年用品应美观大方、新颖别致，突出流行性和新颖性，以满足年轻人的求新心理和求异心理；老年用品应朴素庄重、安全方便，突出实用性和传统性，尽量满足老年人的求实心理和习惯心理。

（6）卫生性

包装要能隔绝各种不卫生因素的污染，尤其是微生物、害虫，或有毒物质和有害物质的化学变化。

（7）环保性

要考虑环境保护的要求，增强无污染意识和环保意识，适应世界市场因各国对包装材料及包装废弃物提出的新标准和新法规而引起的新竞争，大力发展废弃物少、能回收复用、易于回收再生或自行降解的绿色包装。

4.3.3 包装材料的选择

包装材料，是指用于制造包装容器、包装装潢、包装印刷、包装运输等满足产品包装要求所使用的材料。它既包括金属、塑料、玻璃、陶瓷、纸、竹子、天然纤维、化学纤维、复合材料等主要包装材料，又包括涂料、黏合剂、捆扎带、装潢、印刷材料等辅助材料。

包装材料应具备以下几种性能。

（1）一定的力学性能

包装材料应能有效地保护产品，因此应具有一定的强度、刚度、韧性和弹性等，以适应压力、冲击、振动等静力和动力因素的影响。

（2）适当的阻隔性能

根据对产品包装的不同要求，包装材料应对水分、水蒸气、气体、光线、芳香气、异味、热量等具有一定的阻拦能力。

（3）良好的安全性能

包装材料本身的毒性要小，以免污染产品和影响人体健康；包装材料应无腐蚀性，并具有防虫、防蛀、防鼠、抑制微生物等性能，以保护产品安全。

（4）合适的加工性能

包装材料应易于加工，易于制成各种包装器；应易于包装作业的机械化、自动化，以适应大规模工业生产；应适于印刷，便于印刷包装标志。

（5）较好的经济性能

指合理地使用包装材料。包装材料应来源广泛、取材方便、成本低廉，节省包装材料费用、包装机械设备费用、劳动费用，减少自身重量；使用后的包装材料和包装容器应易于处理，不污染环境，以免造成公害。

4.3.4 运输包装、销售包装

商品总是和一定的包装联系在一起的。有些包装已成为商品的一部分，不一定都需要包装。随着运输装卸技术的进步，越来越多的大宗颗粒状或液态商品，如粮食、水泥、石油等，都采用散装方式，即直接装入运输工具内运送，配合机械化装卸工作，既降低了成本，又加快了速度。另外有一类可以自行成件的商品，在运输过程中，只需加以捆扎即可，这种方式称为裸装，如车辆、钢材、木材等。但绝大多数商品，在长途运输过程中，需要进行运输包装。

按包装在商品流通过程中所起的不同作用，可分为销售包装和运输包装，销售包装又称内包装，主要作用是保护商品、方便使用、促进销售，并应符合法律和法规。运输包装又称外包装，其主要作用是保护商品、方便储运和节省费用。

按其包装方式，可分成单件包装和集合包装。单件包装，指货物在运输过程中作为一个计件单位的包装，常用的有箱、包、桶、袋、篓、罐等。集合包装，是在单件包装的基础上、把若干单件组合成一件大包装。以适应港口机械化作业的要求。集合包装能更好地保护商品，提高装卸效率，节省运输费用，常见的集合包装方式有托盘、集装袋和集装箱。

4.3.4.1 运输包装

（1）运输包装的定义

以满足运输、装卸、存储为目的的包装，称为运输包装。运输包装的重要特点，是在满足物流要求的基础上使包装费用越低越好。为此，必须在包装费用和物流时间的损失两者之间寻找最优的效果。

（2）运输包装的功能

工业包装的主要作用是有保护功能、定量（单位化）功能、便利功能和效率功能。

①保护功能。这是最重要的功能，它是指保护被包装的商品，避免搬运过程中的脱落，运输过程中的振动或冲击，保管中的由于承受物重所造成的破损；避免异物的混入和污染；防湿、防水、防锈、遮光，防止因为化学或细菌的污染而出现的腐烂变质：防霉变、防虫害，产品从生产出来到使用之前这段时间，保护措施是很重要的，包装如不能保护好里面的物品，这种包装则是一种失败。

为了防止流通环境中的温度、湿度和紫外线等自燃气候性因素的影响，相应的采用具有隔热、防潮、遮光等性能的包装；为了防止微生物、虫类、鼠类的危害，而采用相应防范这类危害的包装；为了防止环境外力作用的危害，要选用具有抵御外力的足够强力的包装结构，选用具有防震缓冲性能的包装以及防盗劫、防遗失性能的包装等。从而使包装能可靠地对内包装起到保护作用。

②定量功能。整理成为适合动、运输的单元：整理成适合使用托盘、集装箱、货架或载重汽车、货运列车等运载的单元。

③便利功能。使包装对产品在流通过程中起到便利作用有两层含义，其一是便利作业，其二使便于识别。便于作业是指包装的结构造型、辅助设施适于装卸、搬运和多层堆码，从

而有效、充分利用运载工具与库存容积。包装的外部结构形式中，小型包装适于人工作业，大型的、集装的适于叉车及各类起重机械作业。例如，洗衣机、电冰箱、电视机等家用电器的体积较大，在这类产品包装的相应部位开启模仿人手四指伸进的开孔或安置手把，为人工作业创造便利条件；利用叉车和起重机作业的大件或集装件，在包装的底部设置插孔、钢丝或绳索套吊装置，为机械装卸作业创造便利条件；再如，使包装的结构适于包装件高层堆放，有利于运载工具、场库存储能力的充分利用。

④效率功能。运输包装要有利于提高生产、搬运、销售、输配送、保管等效率。另外，还要提高其经济效益，因此，必须改进包装的设计，使其形式、规格便于消费者携带、保存和使用。这样可以加强包装的回收利用，降低包装成本和商品的流通费用，也是不断提高企业和社会经济效益的重要措施。

（3）运输包装的要求

①一般运输包装要求。

a．货物包装应坚固、完好，在运输过程中能防止包装破裂、内物漏出、散失：防止因码放、摩擦、震荡或因气压、气温变化而引起货物损坏或变质；防止伤害操作人员或污染飞机、地面设备及其他物品。

b．包装除应适合货物的性质、状态和重量外，还要便于搬运、装卸和码放；包装外表面不能有突出的钉、钩、刺等；包装要整洁、干燥、没有异味和油渍。

c．包装内的垫付材料（如木屑、纸屑）不能外漏，除纸袋包装的货物（如文件、资料等），托运货物都应使用包装带捆。严禁使用草袋包装或草绳捆扎货物。

d．捆扎货物所用的包装袋应能承受该货物的全部重量，并保证提起货物时不致断开。

e．如果货物的包装不符合对应运输渠道的相关规定，应要求托运人改进或重新包装后方可收运。

②部分货物的特殊包装要求。

A．液体货物。容器内部必须留有5%～10%的空隙，封盖必须平密；不得溢漏。用玻璃容器盛装的液体，每一容器的容量不得超过500毫升。单件货物毛重以不超过25千克为宜。箱内应使用衬垫和吸附材料填实，防止晃动或液体渗出。

B．粉状货物。用袋盛装的，最外层应使用塑料涂膜纺织袋作外包装，保证粉末不致漏出，单件货物毛重不得超过50千克；用硬纸桶、木桶、胶合板桶盛装的，要求桶密封、桶箍坚固结实；用玻璃装的，每瓶内装物的重量不得超过1千克；用铁制或木制材料作外包装，箱内用衬垫材料填实。单件货物毛重以不超过25千克为宜。

C．精密易损，质脆易碎货物。单件货物毛重以不超过25千克为宜，可以采用以下方法包装：

a．多层次包装：即货物/付垫材料/内包装/付垫材料/运输包装（外包装）；

b．悬吊式包装：即用几根弹簧或绳索，从箱内各个方向把货物悬置在箱子中间；

c．防倒置包装：即底盘大、有手提把环或屋脊式箱的包装。个宜平放的玻璃板，挡风玻璃等必须使用此类包装；

d．玻璃器肌的包装：应使用足够厚度的泡沫塑料及其他衬垫材料围裹严实，外加坚固的瓦楞纸箱或木箱，箱内物品不得见动。

D．裸装货物、不怕碰压的货物。可以不用包装，如轮胎等；不易清点件数、形状不规则、外形与运输设备相似或容易损坏飞机的货物，应使用绳、麻布包扎或外加包装。

E．大型货物。体积或重量较大的货物底部应有便于叉车操作的枕木或底托。

③部分包装类型的要求。

A．纸箱。应能承受同类包装货物码放3米或4层的总重量。

B．木箱。厚度及结构要适合货物安全运输的需要；盛装贵重物品、精密仪器、易碎物品的木箱，不得有腐蚀、虫蛀、裂缝等缺陷。

C．条筐、竹篓。编制紧密、整齐、牢固、不断条、不辟条，外形尺寸以不超过50cm × 50cm × 60cm为宜，单件毛重以不超过40千克为宜，内装货物及衬垫材料不得漏出。应能承受同类货物码放3层高的总重量。

D．铁桶。铁皮的厚度应与内装货物重量相对应。单件毛重25 ~ 100千克的中小型铁桶，应使用0.6 ~ 1.0毫米的铁皮制作，单件毛重在101 ~ 180千克的大型铁桶，应使用1.25~15毫米的铁皮制作。

（4）运输包装标准

包装标准是为了取得产品包装的最佳效果：根据包装科学技术、实际经验，以产品的种类、性质、质量为基础，在有利于产品生产、流通安全和厉行节约的原则上，经有关部门充分协商并经一定审批程序，对包装的用料、结构造型、容量、规格尺寸、印刷标志以及盛装、衬垫、封贴和捆扎方法等方面所做的技术规定。从而达到同种、同类产品所用的包装逐渐趋于一致和优化的目的。包装标准，由于是国家的技术法规，具有权威性和法制性。因此，已经批准颁发的包装标准，无论是生产、使用和管理部门以及企业单位都必须严格执行，不得更改。

包装标准可以分为5类：

①一类是包装基础标准和相关标准。包装基础标准是包装的最基本的标准，具有广泛的使用性。相关标准主要由包装管理标准、集装箱与托盘标准、运输储存条件标准构成。

②二类是包装的材料与试验方法标准。

③三类是包装容器及试验方法的标准。

④四类是包装技术标准。

⑤五类是产品包装标准。

运输包装主要属于第二、三、四类的包装标准，以下为一些主要的包装的基础标准。

①包装技术标准

GB/T 4768—1995　防霉包装

GB/T 4879—1999　防锈包装

GB/T 5048—1999　防潮包装

GB/T 7350—1999　防水包装

GB/T 15719—1995　现场发泡包装

GB/T 16470—1996　托盘包装

②包装标志标准。包装标志标准是为在流通过程中保护货物及搬运者的安全，对普通货物和危险货物所规定的指示性图示和标志。我国目前已建立危险货物包装标志标准（GB 190—2009）、包装储运图示标志标准（GB/T 191—2008）、运输包装收发货标志标准（GB/T 6388—1986）。

A．危险货物包装标志标准（GB 190—2009）。

a．主要内容与适用范围：本标准规定了危险货物包装图示标志的种类、名称、尺寸及颜色等。本标准适用于危险货物的运输包装；

b．引用了标准GB 6944危险货物分类和品名编号GB 12268危险货物品名表；

c．标志的图形共21种，其图形分别标示了不同类型的危险。（图4–1）

B．包装储运图示标志标准（GB/T 191—2008）。

《包装储运图示标志》（GB/T191—2008）规定了包装储运图示标志的名称、图形符号、尺寸、颜色及应用方法，适用于各种货物的运输包装。标准的主要规定及新增图形标志的解释概述如下：

a．标志的颜色标志颜色应为黑色，如果包装的颜色使得黑色标志显得不清晰，则应在印刷面上用适当的对比色，最好以白色作为图示标志的底色。必要时，标志也可使用其他颜色，除非另有规定，一般应避免采用红色、橙色或黄色，以避免同危险品标志相混淆。

b．标准化运输标志：

ABC………收货人代号

1234………参考号

NEW YORK………目的地

1/25……件数代号

图4–1　危险货物包装图示标志

c．包装储运图示标志如图4–2所示。

● 易碎物品标志

表示包装内货物易碎，不能承受冲击和震动，也不能承受大的压力，如灯泡、电表、钟表、电视机、电冰箱、陶器、瓷器、玻璃器皿等，要求搬运时必须小心轻放。

● 禁用手钩标志

表示不得使用手钩直接钩着货物或其包装进行搬运，如纸箱、麻袋等包装件，保护包装本身不受损坏，也能保证商品不受损失。

● 向上标志（不可倒置）

表示包装内货物不得倾倒、倒置。例如，墨水、洗净剂、电冰箱等产品在倾倒的情况下会受损以致影响使用，要求在搬运和放置货物时注意其向上的方向。

● 怕晒标志

表示包装内货物不能直接照晒。

● 怕辐射标志

表示包装内货物一旦受到辐射会变质或损坏。

● 怕雨标志

表示包装件在运输过程中要注意防雨或防止直接洒水，在储存中要避免存放在阴暗潮湿或低洼处。

● 重心点标志

指示货物重心所在处。在移动、拖运、起吊、堆垛等操作时，避免发生倒箱等损坏现象。

● 禁止翻滚标志

表示搬运货物时不得滚动，只能做直线移动，如平移、上升、放下等。

图4–2　包装储运图示标志

- **禁用手推标志**

表明搬运货物时此面禁止放置于手推车上。

- **禁用叉车标志**

表示不能使用升降叉车搬运的包装件。

- **由此夹起标志**

表示搬运货物时可用夹持的面。

- **此处不能卡夹标志**

表示搬运货物时不能使用夹持的面。

- **堆码重量极限标志**

表示货物允许最大堆垛的质量，按需要在符号上添加数值。

- **堆码层数极限标志**

表示可堆码相同运输包装件的最大层数，按需要在符号上添加数值。

- **禁止堆码标志**

表示该货物包装只能单层放置。

- **由此吊起标志**

表示吊运货物时挂链条或绳索的位置。可在图形符号近处找到方便起吊的起吊钩、孔、槽等。避免在装卸中发生破箱等损坏现象，也有利于提高装卸效率。

- **温度极限标志**

表示需要控制规定温度的范围。要求货物在一定的温度环境下存放，不许超过规定的温度。符号上最低和最高温度可按货物的需求填写。

C．运输包装收发货标志标准（GB/T 6388—1986）。本标准规定了铁路、公路、水路和空运的货物外包装上的分类标志及其他标志和文字说明的事项及其排列的格式。

a．含义。外包装件上的商品分类图示标志及其他标志和其他的文字说明排列格式的总称为收发货标志。

b．运输包装收发货图示标志图形。有12类图形，如图4-3所示。

c．收发货标志的字体。标志的全部内容，中文都用仿宋字体，代号用汉语拼音大写字母；数码用阿拉伯数码；英文用大写的拉丁文字母。标志必须清晰、醒目，不脱落，不褪色。

图4-3　运输包装收发货标志图形

d. 收发货标志的颜色。纸箱、纸袋、塑料袋、钙塑箱，按商品类别规定的颜色（表4-1）用单色打印；麻袋、布袋用绿色或黑色印刷；木箱、木桶不分类别，一律用黑色印刷；铁桶用黑、红、绿、蓝底印白字，灰底印黑字；表内未包括的其他商品，包装标志的颜色按其属性归类。

表4-1　部分收发货标志商品与颜色对照表

商品类别	颜色	商品类别	颜色
百货类	红色	医药类	红色
文化用品类	红色	食品类	绿色
五金类	黑色	农副产品类	绿色
交电类	黑色	农药	黑色
化工类	黑色	化肥	黑色
针纺类	绿色	机械	黑色

e. 收发货标志的方式。

- 印刷：适用于纸箱、纸袋、塑料袋、钙塑箱。在包装容器制造过程中，将需要的项目印刷在包装容器上。有些不固定的文字和数字在商品出厂和发运时填写。
- 刷写：适用于木箱、桶、麻袋、塑料编织袋。利用印模、镂模，涂写在包装容器上。要求醒目、牢固。
- 粘贴：对于不固定的标志，如收货单位和到达站需要临时确定，需要先将需要的项目印刷在60g/m^{2}以上的白纸或牛皮纸上，然后粘贴在包装件的有关栏目内。
- 拴挂：对于不便印刷、刷写的运输包装件筐、篓、捆扎件，将需要的项目印刷在不低于120g/m^{2}以上的牛皮纸或布、塑料薄膜、金属片上，拴挂在包装件上（不得用于出口商品包装）。

4.3.4.2 销售包装

（1）销售包装的概念

销售包装是指随同内装商品一同销售的包装。

（2）销售包装的特点

销售包装有以下特点：方便、美观、保护商品、相互适应。

（3）销售包装的技法

①防护性包装技法。

a. 真空包装：又称减压包装。是将商品装入气密性好的包装容器中，在真空包装机上抽去容器里的空气，使密封后的容器内达到预定真空度的包装技法。该方法广泛用于食品的硬包装容器、软包装容器的包装中，也用于轻纺工业品的包装，可以缩小包装商品的体积。

b. 充气包装：又称气体置换包装。是将商品装入气密性好的包装容器中，在容器密封前，充入氮气、一氧化碳气体或惰性气体以置换容器里原在空气的包装技法。主要用于食品的包装。

c. 脱氧包装：又称吸氧包装。是将商品装入气密性好的包装容器中，在容器密封前，放置能与氧气起化学作用的脱氧剂，以除去密封容器内氧气的包装技法。脱氧包装成本较高，目前主要用于商品的保鲜包装，还用于毛皮、字画、精密仪器等。

d. 收缩包装：是将薄型收缩材料包裹在商品外面，然后以适当温度加热，使薄膜自动急剧收缩而紧紧地包裹住商品的包装技法。适用于形态不规则商品的包装（玩具、工具、蔬菜、鱼肉类等），也可将多种小商品方便地包装在一起。

e. 硅窗气调包装：是在密封塑料包装袋上烫接一块硅橡胶窗，通过硅窗上的微孔来调节密封包装内气体成分组成的包装技法。适用于有生理代谢的果蔬类商品的包装。

f. 保鲜包装：采用具有特殊性能的包装材料或特殊结构的容器来包装商品，使内装商品能保持原有色、香、味的包装技法。主要用于水果、肉类等食品的包装。

g. 无菌包装：将商品和包装容器分别用超高温短时杀菌后立即冷却，然后在无菌室进行充填和封合的包装技法。适用于液体食品、药品等商品的包装。

h. 防潮包装：是采用具有一定隔绝水蒸气能力的材料对商品进行包封，或在密闭容器内放置干燥剂等，以隔绝外部湿度变化对商品产生影响的包装技法。多用于食品等包装。

i. 防锈包装：是将商品采用防锈纸包裹、浸渍可剥性塑料密封、用纸或纸盒裹放后进行石蜡溶封以及在商品表面喷涂防锈薄膜、涂抹防锈剂等，以防止商品锈蚀的包装技法。主要用于金属制品的包装。

j. 防霉包装：是采取降低包装容器内相对湿度以及对内装物和包装容器进行防霉药剂处理，以防止商品发霉的包装技法。多用于棉麻织品、皮革制品、绒线商品、纸类商品、仪器仪表、电工类商品、机械类商品。

k. 防震包装：又称缓冲包装。是采用力学性能较高的包装材料作容器，在容器内用纸、瓦楞纸板、稻草、海绵、橡胶、泡沫塑料作缓冲衬垫的包装技法。多用于工艺品、玻璃和陶瓷制品、家用电器等商品的包装。

②陈列展示性包装技法。

a. 泡罩包装：是将商品通过粘接、热合、钉装等方式封合在用刚性或半刚性透明塑料薄片形成的泡罩与用塑料或铝箔或纸板制作的底板之间的包装技法。用于药品、食品、玩具、文具、小工具、小商品等的包装。

b. 贴体包装：是将商品放在能透气的纸板或塑料薄片制成的底板上，上面覆盖加热软化的透明塑料薄片，用热熔或胶粘使薄片与底板粘合，然后从底板抽真空，使薄膜紧贴商品，而四周仍然封合在底板上的包装技法。一般用于形状复杂、怕压易碎的商品，如日用器皿、灯具、文具、小五金、食品等。

③方便携带的包装技法：有提袋包装、提盒包装、捆扎提拎包装、组合包装、收缩包装等。

④便利使用的包装技法：配套包装、易开包装、喷雾包装、可食包装、食品蒸煮包装、抽屉式包装。

⑤礼品式包装技法：在商品外附加彩带、花结、装饰衬垫的包装等。

第 5 章

现代物流

5.1 现代物流基本知识

物流是指将货物由供应者向需求者物理性移动和相关信息有效流动的全过程，是创造时间价值和场所价值的经济活动，包括运输、配送、装卸、包装、仓储、加工、信息处理等基本功能活动。

物流系统的构成：流通加工、运输、配送、仓储、物流信息、装卸搬运。核心目标：在物流全过程中以最小成本来满足顾客的需求。

5.1.1 现代物流的功能

5.1.1.1 现代物流的服务功能

（1）传统物流功能

①储存。储存是指商品离开生产领域后，在进入消费领域之前，处于流通领域时所形成的临时性的“停滞”。

A. 储存在现代物流中的作用主要表现在：

a. 储存是物流系统中不可缺少的重要环节。

b. 保证货物进入下一环节前的质量。

c. 保证社会再生产顺利进行的必要条件。

d. 加快商品流通、节约流通费用的重要手段。

B. 仓库分类。

a. 按用途分类，可分为采购供应仓库、批发仓库、零售仓库、储备仓库、中转仓库、加工仓库、保税仓库。

b. 按保管货物的特征分类，可分为原料仓库、产品仓库、冷藏仓库、恒温仓库、危险品仓库、水面仓库。

c. 按仓库的构造分类，可分为单层仓库、多层仓库、立体仓库、露天堆场、筒仓。

②运输。运输是指劳动者通过使用运输工具和设备，实现人与货物在空间、场所等的有目的的位移。按照客户提出的时间和空间的要求，以及满足费用最少的原则。

A. 运输在物流中的作用。

a. 运输是物流的主要功能要素之一。

b. 运输是社会物质生产的必要条件之一。

c. 运输可以创造“场所效用”。

d．运输是“第三利润源”的主要源泉（一般物流费用中运费占主要部分）。

B．各种常见的运输方式以及特点。

a．铁路运输。

优点：承运能力大、准时性好等。

缺点：投资较大、建设周期长；运输时间较长；运输中的货损率比较高等。

使用范围：大宗低值货物的中、长距离运输；散装货物、罐装货物等。

b．公路运输。

优点：速度快、操作人员容易培训、灵活等。

缺点：装载量小、运输成本高、燃料消耗大、环境污染大等。

c．水路运输。

优点：运量大、成本低。

缺点：速度慢、受自然条件限制大等。

适用范围：大批量货物；承担原料、半成品等散货的运输；远距离、大运量的外贸货物运输。

d．航空运输。

优点：高速直达性；较高的安全性；经济特性良好。

缺点：易受气候条件等的限制、可达性差、费用高等。

适用范围：国际的客货运输；高附加值，重量轻和小体积的物品运输；时效性强、需求紧急的货物运输。

e．管道运输。

优点：运量大；占地少，费用低，运营费用也低；管道运输安全可靠、连续性强；管道运输耗能少、成本低、效益好。

缺点：灵活性差。

使用范围：单向、定点、量大的流体状货物（如石油、油气、煤浆、某些化学制品原料等）的运输。

③配送。配送是指将从供应者手中接受的多品种、大批量货物，进行必要的储存保管，并按用户的订货要求进行分货、配货后，将配好的货物在规定的时间内，安全、准确地送交需求用户的一项物流活动。

A．配送的作用。

a．配送是实现流通社会化的重要手段。

b．配送通过集中库存使企业实现低库存或零库存，提高保证供应程度。

c．配送有利于实现运输的合理化。

d．配送是为消费者提供方便、优质服务的重要方式。

B．配送的分类。

a．按实施配送组织者的不同划分，可分为配送中心配送、仓库配送、商店配送、生产企业配送。

b．按配送商品的种类和数量划分，可分为单（少）品种、大批量配送、多品种配送、小批量配送、成套配套。

c．按配送时间和数量划分，可分为定时配送、定量配送、定时定量配送、定时定路线配送、即时配送。

d．按配送的组织形式划分，可分为共同配送、集团配送、独立配送。

④包装。包装是指在物流过程中，为了保护产品、方便储运、促进销售，按一定技术方法所采用的容器、材料及辅助物等的总称。

包装的分类：

a．按包装在物流中发挥的不同作用划分，可分为商业包装、物流包装。

b．按照包装材料的不同划分，可分为纸制品包装、塑料制品包装、木制容器包装、金属容器包装、玻璃陶瓷容器包装、纤维容器包装、复合材料包装和其他材料包装。

c．按照包装保护技术的不同划分，可分为防潮包装、防锈包装、防虫包装、防腐包装、防震包装以及危险品包装等。

⑤装卸搬运功能。包括对输送、保管、包装、流通加工等物流活动进行衔接活动，以及在保管等活动中为进行检验、维护、保养所进行的装卸活动。

A．装卸搬运的意义。

a．在物流活动转换中起承上启下的联结作用。

b．在物流成本中占有重要地位。

c．是提高物流系统效率的关键。

B．装卸搬运的特点。

a．装卸搬运是附属性、伴生性的活动。

b．装卸搬运是支持、保障性活动。

c．装卸搬运是衔接性的活动。

⑥流通加工。指物品在从生产地到使用地的过程中，根据需要施加包装、分割、计量、分拣、刷标志、拴标签、组装等简单作业的总称。

流通加工在物流中的地位：

a．流通加工有效地完善了流通。

b．流通加工在物流中进行初级加工，进一步方便用户。

c．流通加工提高了工作效率及设备利用率。

⑦物流信息处理。在物流过程中，伴随着物流的进行，产生大量的、反映物流过程的有关输入、输出物流的结构、流量与流向、库存动态、物流费用、市场情报等信息并不断传输和反馈，形成物流信息。同时，应用计算机进行加工处理，获得实用的物流信息，这将有利于及时了解和掌握物流动态，协调各物流环节，有效地组织好物流活动。

物流信息主要包括以下几个方面：

a．接受订货信息。办理接受订货手续是物流活动的始发点，所有物流活动均从接受订货开始。为迅速准确地将商品送到，必须准确迅速地办理接受订货的各种手续。

b．库存信息。正确把握商品库存，是企业制订恰当采购计划、接受订货计划、收货计划和发货计划必不可少的条件。所以，库存信息乃是物流信息的中心。

c．采购指示信息。当商品库存量不足时根据采购指示信息安排采购。

d．发货信息。为做好发货准备，需根据发货信息将商品转移到搬运地点，以便发货。

e．收货信息。根据收货信息，对收到货物进行检验，与订货要求进行核对无误后，计入库存。

f．物流管理信息。物流管理信息部门为了能有效地管理物流活动，必须收集各种表单以及关于物流成本、仓库和车辆等物流设施、设备运转等资料，以此作为物流管理信息。

（2）增值性物流服务

增值性物流服务是指在完成物流基本功能的基础上，根据客户需求提供的各种延伸业务活动。在竞争不断加剧的市场环境下，不但要求物流企业在传统的运输和仓储服务上有更严格的服务质量；同时，还要求企业大大拓展物流业务，提供尽可能多的增值性服务。

①增加便利性的服务。一切能够简化手续、简化操作的服务都是增值性服务，简化是相对于消费者而言的，并不是说服务的内容简化了，而是指为了获得某种服务，以前需要消费者自己做的某些事情，现在由物流服务提供商以各种方式代替消费者做了，从而使消费者获得的这种服务变得简单，而且更加方便，这无疑增加了商品或服务的价值。在提供物流服务时，推行一条龙门到门服务、提供完备的操作或作业提示、免费培训、维护、省力化设计或安装、代办业务、24小时营业、自动订货、传递信息和转账、物流全过程追踪等都是对客户有用的增值性服务。

②加快反应速度的服务。快速反应是指：物流企业面对多品种、小批量的买方市场，不是储备了“产品”，而是准备了各种要素，在客户提出要求时，能以最快速度抽取要素，及时“组装”，提供所需服务或产品。

快速反应已经成为物流发展的动力之一。传统观点和做法将加快反应速度变成单纯对快速运输的一种要求，而现代物流的观点却认为，可以通过两条途径使过程变快，一是提高运输基础设施和设备的效率，比如修建高速公路、铁路提速、制定新的变通管理办法、将汽车本身的行驶速度提高等，这是一种速度的保障，但在需求方对速度的要求越来越高的情况下，它也变成了一种约束，因此必须想其他的办法来提高速度；二是具有重大推广价值的增值性物流服务方案应该是优化配送中心、物流中心网络，重新设计适合客户的流通渠道，以此来减少物流环节、简化物流过程，提高物流系统的快速反应能力。

③降低成本的服务。通过提供增值物流服务，寻找能够降低物流成本的物流解决方案。可以考虑的方案包括：采用TPL（第三方物流）服务商；采取物流共同化计划。同时，可以通过采用比较适用但投资较少的物流技术和设施设备，或推行物流管理技术，如运筹学中的管理技术、单品管理技术、条形码技术和信息技术等，提高物流的效率和效益，降低物流成本。

④延伸服务。运用计算机管理的思想，向上可以延伸到市场调查与预测、采购及订单处理；向下可以延伸到物流咨询、物流系统设计、物流方案的规划与选择、库存控制决策建议、货款回收与结算、教育与培训等。

关于结算功能，物流的结算不仅仅是物流费用的结算在从事代理、配送的情况下，物流服务商还要替货主向收货人结算货款。关于需求预测功能，物流服务商应该负责根据物流中心商品进货、出货信息来预测未来一段时间内的商品进出库量，进而预测市场对商品的需求，从而指导订货。关于物流系统设计咨询功能，TPL服务商要充当客户的物流专家，为客户设计物流系统，代替他选择和评价运输网、仓储网及其他物流服务供应商。关于物流教育与培训功能，物流系统的运作需要客户的支持与理解，通过向客户提供物流培训服务，可以培养其与物流中心经营管理者的认同感，可以提高客户的物流管理水平，并将物流中心经营管理者的要求传达给客户，也便于确立物流作业标准。

以上这些延伸服务最具有增值性，但也是最难提供的服务。目前，能否提供此类增值服务已成为衡量一个物流企业是否真正具有竞争力的标准。

5.1.1.2 现代物流的经济功能

物流正在经历着从传统的以运输和储存为主的辅助性生产活动向现代生产性服务产业的转变，在现代经济中的地位不断攀升，同时扮演着服务者、联络者和调节者的三个角色。

（1）服务现代经济

物流服务主要创造空间价值和时间价值，还创造一定的形态价值。现代经济的发展突破了传统的时空格局，更加凸显了物流服务的价值，但同时也使物流工作面临着前所未有的挑战。例如，经济全球化迫使企业实行全球采购、全球生产和全球营销，全球物流成为必然。经济全球化意味着供应地和消费地的空间距离拉大了，周期变长了，物流的环节增多了，因而产生了许多新的物流服务的需求，如代理通关、代理结算、陆海空联运和一站式的门到门服务等。发挥物流的服务职能就是要不断创新物流服务方式以适应现代经济的发展需要。

（2）联络现代经济

物流的演进过程表明，整合是物流效率的根本来源。正是现代物流的整合职能，使之成为维系现代经济的“纽带”和“血管”。为此，发挥物流联络现代经济的职能，必须大力提高现代物流的整合能力。除了改善运输、储存、包装、装卸搬运、配送、流通加工和物流信息等物流环节的效率外，各环节的能力衔接配套至关重要，任何一个环节的不足都可成为整合能力的制约因素。成功的物流运作证明，信息处理能力是提高现代物流整合能力的关键因素。

（3）调节现代经济

如果传统物流也具有服务经济和联络经济的功能，那么，主动调节经济则为传统物流所不能为，成为现代物流所独有的功能，这也正是大力发展现代物流的意义所在。

现代物流可以在一定程度上调节现代经济结构。现代物流服务业的发展，直接壮大了第三产业，同时还使第一产业和第二产业的企业物流不断分化出来，产业结构比重发生了根本变化，促进了产业结构的升级。现代物流还可作为区域经济竞争的手段，调整地区的经济格局。

5.1.2 现代物流系统的分类

（1）按照作用分类

①回收物流；
②废弃物流；

③生产物流（厂内物流）；
④供应物流；
⑤销售物流。

（2）按照物流活动的空间范围分类

①国际物流（贸易物流）；
②市场物流（消费地）；
③区内物流；
④区间物流；
⑤地区物流；
⑥国内物流。

（3）按照物流系统性质分类（图5-1）

①行业物流：汽车；医药；商业。
②社会物流：设备制造；运输；仓储；装卸包装；配送；信息服务（第三方物流）。
③企业物流：供应物流；生产物流；销售物流；回收物流；废弃物流。

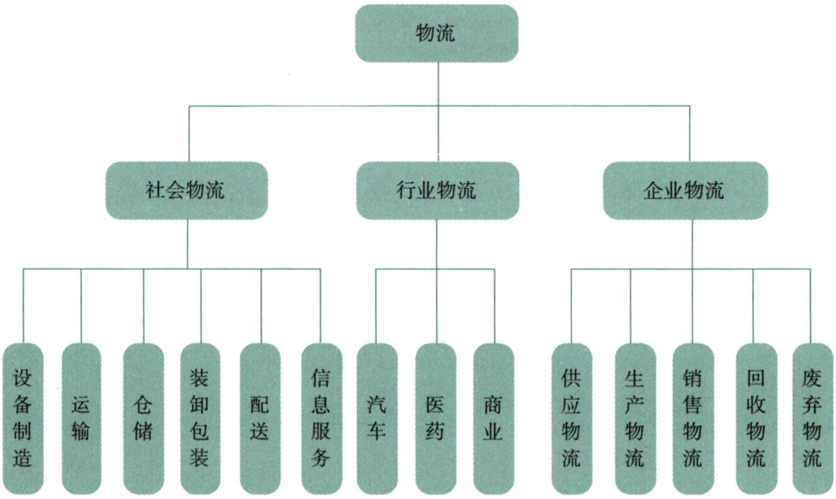

图5-1　物流系统性质分类

5.1.3 现代物流的特征与功能要素

5.1.3.1 现代物流的基本特征

（1）与电子商务紧密结合

电子商务带来对物流的巨大需求，推动了物流的进一步发展，而物流也在促进电子商务的发展，因此可以说二者互相依存，共同发展。

现代物流是信息化、自动化、网络化、智能化、柔性化、标准化的结合。

（2）虚拟物流走向应用

虚拟物流，是指利用日益完善的通信网络技术及手段，将分布于全球的企业仓库虚拟整合为一个大型物流支持系统，以完成快速、精确、稳定的物资保障任务，满足物流市场的多频度、小批量订货需求。

虚拟物流的应用主要包括以下方面：①GPS（全球卫星定位系统）的应用；②在全行业的信息化水平提高的基础上，实现社会大物流系统的动态调用；③动态存储和动态运输技术；④三维仿真技术的应用。

（3）绿色物流

绿色物流主要表现在以下几个方面：①包装箱材料采用可降解材料；②托盘的标准化使得可重复使用性高；③供应链管理的不断完善大大地降低了托盘和包装箱的使用；④现代物流是货物流、信息流、资金流和人才流的统一。

5.1.3.2 现代物流的功能要素

现代物流系统的功能要素指的是现代物流系统所具有的根基能力，这些根基能力有用地组合、联络在一路，便成了现代物流的总功能，便能合理、有用地实现物流系统的总目的。

现代物流系统的功能要素一般认为主要由运输、储存保管、包装、装卸、流通加工、配送、物流情报七项具体工作组成。

①包装功能要素。包括产品的出厂包装、生产过程中在制品、半成品的包装以及在物流过程中换装、分装、再包装等活动。

②装卸功能要素。包括对输送、保管、包装、流通加工等物流活动进行衔接活动，以及在保管等活动中为进行检验、维护、保养所进行的装卸活动。

③运输功能要素。包括供应及销售物流中的车（公路、铁路）、船、飞机等方式的运输，生产物流中的管道、传送带等方式的运输。选择何种运输手段对于物流效率具有十分重要的意义。运输是物流的主要功能之一。

④储存保管功能要素。是物流中极为重要的职能，与运输构成物流的两大支柱，同处于中心位置，包括堆存、保管、保养、维护等活动。

⑤流通加工功能要素。又称流通过程的辅助加工活动，是物品在从生产地到使用地的过程中，根据需要施加包装、分割、计量、分拣、刷标志、贴标签、组装等简单作业的总称。

⑥配送功能要素。配送作为一种现代流通方式，集经营、服务、社会集中库存、分拣、装卸搬运于一身，已不是单单一种送货运输能包含的，所以将其作为独立功能要素。

⑦物流情报功能要素。又称物流信息处理功能，在物流过程中，伴随着物流的进行，产生大量的、反映物流过程的有关输入、输出物流的结构、流量与流向、库存动态、物流费用、市场情报等信息并不断传输和反馈，形成物流信息。

5.1.4 互联网环境下的现代物流

5.1.4.1 互联网时代的物流特点

互联网时代的到来，使得信息的传播、交流发生了巨大的变化。信息是物流系统的灵魂，互联网技术所推动的信息革命使得物流现代化的发展产生了巨大的飞跃。物流信息化受到空前的重视，物流信息化表现为物流信息的商品化、物流信息收集的数据库化和代码化、物流信息处理的电子化和计算机化物流信息传递的标准化和实时化。物流信息存储的数字化等如果没有物流的信息化，关于物流现代化的任何设想都不可能实现。因此，物流信息化是电子商务的必然要求。互联网时代的物流主要呈现出以下特点。

（1）经营全球化

互联网技术的出现，加速了全球经济的一体化进程，致使企业的发展趋向多国化、全球化。跨国企业可以根据自身发展战略与世界各地的经济、政治条件，在不同国家设立制造基地和经营总部，其目的是取得最小的运营成本和最大的市场份额。

全球化的经营导致物流全球化趋势，促进了国际物流的发展，物流网络的规模越来越大，运营越来越复杂，新的形势要求物流企业以及与物流密切相关的制造企业和综合企业及时调整发展策略、制定相应对策。

面对全球化激烈竞争的趋势，企业的战略对策之一是专注于自己所擅长的经营领域，力争在核心技术方面领先；而本企业不擅长的业务则分离出去，委托给该领域有特长的、可信赖的合作伙伴。制造企业把自己不擅长的物流业务分离出去，外包给物流企业的趋势为现在所谓的第三方物流、第四方物流的发展创造了条件。企业注重核心技术的趋势使物流业务从生产企业分离；为物流企业带来良好机遇。而物流企业也必须重视自己的核心竞争力，精心发展业务、提高服务水平，确保委托方的利益并建立本企业的信誉。

如今，世界五百强企业已有400多家进入中国市场，今后必将有更多的跨国公司、大企业进入中国的制造业和流通业。自加入WTO（世界贸易组织）以后，由于和世界经济接轨，中国经济现代化的速度加快，对于物流业的发展起到了有力的推动作用。

（2）系统网络化

物流系统的网络化是经济全球化电子商务时代物流活动的主要特征之一。完善的物流网络是现代高效物流系统的基础条件，地区性物流网络、全国性物流网络、全球性物流网络是现代物流系统不可缺少的资源。跨国公司要在国际竞争中立于不败之地，必须拥有一个高效的物流网络系统。

物流网络系统包含通路、节点以及有关的信息系统等，它可以是由政府投资的公用物流网络系统，也可以是由企业投资建设的自用物流网络系统。

当今世界全球信息网络资源的可用性及网络技术的普及为物流的网络化提供了良好的技术支持，物流网络化必将迅速发展。今后数年，我国全国性物流系统的基础建设如各种物流通路、大型物流中心的建设将会有较快发展，现代化的物流配送系统也将逐步成熟。

（3）供应链简约化

供应链是指涉及将产品或服务提供给消费者活动的全过程中，上、下游企业所构成的系统。例如，服装供应链是由提供原材料的企业、纺织厂、成衣厂、批发、零售企业所组成的。每一件产品又涉及多条供应链，如汽车就涉及车体钢铁材料的供应链、车窗玻璃供应链、轮胎橡胶供应链以及仪表供应链等。有关各种产品的无数供应链构成了极为复杂的社会经济网络体系。

在同一供应链中的所有企业都需要上游企业供应原材料或货品，同时也不断地向下游企业供应自己的产品，形成了递阶式的体系。供应链的最末端企业如服装零售店售出的每一件商品都是这条供应链上所有企业的一次成功，所以市场竞争实际上不是单个企业之间的竞争，而是一条供应链与另一条供应链之间的竞争。供应链内部上下游企业之间存在贸易关系，也就是说存在利害关系，但是从供应量的角度来看，这些企业之间更重要的是具有相互依存的关系。供应链理论的出现，使得物流科学的应用范围更加拓宽，物流研究与应用达到了新的高度。

互联网技术为供应链所有环节提供了强大的信息支持，生产者、最终消费者和中间经营者都能够及时地了解供应链的全部动态。也就是说，供应链具有了更好的透明度，在供应链中任何多余的环节、任何不合理的流程与作业都能被及时发现。特别是由于互联网提供的信息支持，供应链中原有的多余环节将被消除，因此，供应链将变得更为紧凑。供应链的这种变化将直接影响到企业的经营与发展战略，同样也给物流业带来很大变化。以往商品经由制造、批发、仓储和零售各环节间的多层复杂途径，最终才能到达消费者手里。而现代流通已简化为可以由制造业经配送中心直接送到各零售点。互联网技术提供的信息共享技术，对于加强供应链管理、改善供应链物流系统提供了有力的支持。

互联网时代信息技术的应用改变了企业的管理系统，指令的逐级下达和信息的逐级上报的模式将被各级用网络直接连通的模式所代替，这将引起企业组织从金字塔结构向扁平结构转变的变化。物流企业的业务流程长、活动范围广、外部环境变化多，物流企业现代化对信息技术的需求将更为迫切。

（4）企业规模化

在电子商务时代，由于物流的小批量、多品种、快速的特征更为显著，配送的难度更大，必须达到一定规模才能产生相应的经济效益，没有规模就没有效益。为了更快地在规模效益方面领先，企业的兼并、联合趋势加强。当然，在选择合伙人时，弱者将被淘汰出局，形成强强联合。物流企业必须依靠自己先进的经营模式、高质量的服务和强大的实施能力为依托，寻求合适的合作伙伴；与此同时也可能被其他优秀的企业选取为合作伙伴，在联合中不断得到发展。

中国企业面临的竞争是国内外两方面的，物流企业也是如此。一些国营储运公司，规模虽大但存在体制不灵活的问题。一些新型物流公司大多规模偏小，它们需要在竞争中求联合，依据双赢战略选择战略伙伴，以图结成实业联盟创造规模效益。可以预见，物流企业的强强联合趋势将加强，我国现代化超大型物流企业将出现在社会经济舞台上。

（5）服务一体化

由于物流系统的复杂化和对物流服务水平的要求越来越高，为第三方物流的发展提供了广大的市场。物流是服务行业，服务水平是竞争因素的最重要的部分。第三方物流从业者最时髦的口号是“提供一体式物流服务”（把用户的物流业务从规划设计到运行管理全部承担下来）。在保证成本的条件下，使用户拥有一个高效、通畅的物流体系。

在供应链急剧变化的时代，第三方物流业通过增值服务扩大营业额也是重要的手段。加强增值服务是今后物流业发展的一个重要方向。其目的不仅是降低成本，更重要的是提供用户期望以外的增值服务，增加配货、配送和各种提高附加值的流通加服务项目，以及其他按客户的需要提供的服务。

增值服务的内容除一般的装配、改包装之外，还在于不断扩大范围，发展有特色的增值服务。例如，德国飞格国际通运股份有限公司（FIEGE）对服装进行配送，在送达最终用户之前把衣服烫好、进行商业包装或悬挂在衣架上送达商店；又如，生产吉他的Fender国际公司委托UPS公司对其配送系统进行集约化和系统化整合，UPS的增值服务包括为吉他调好音。

扩大的增值服务不仅仅是增加了物流企业的收入，更重要的是由于承担了上游企业和下游企业所分离出来的业务，使自己成为供应链中不可缺少的组成部分，从而稳定了客户群。

5.1.4.2 电子商务物流的新特点

电子商务时代的来临，给全球物流带来了新的发展，使物流具备了以下新特点。

①服务化：在电子商务下，物流业是介于供货方和购货方之间的第三方，以服务作为第一宗旨，既要为本地区服务，也要有长距离的服务。

②信息化：信息化电子商务时代，物流信息化是电子商务的必然要求。

③自动化：自动化的基础是信息化，自动化的核心是机电一体化，自动化的外在表现是无人化，自动化的效果是省力化，另外还可以扩大物流作业能力、提高劳动生产率、减少物流作业的差错等。

④网络化：物流的网络化是物流信息化的必然，是电子商务下物流活动的主要特征之一。

⑤柔性化：柔性化的物流正是适应生产、流通与消费的需求而发展起来的一种新型物流模式。这就要求物流配送中心要根据消费需求“多品种、小批量、多批次、短周期”的特色，灵活组织和实施物流作业。

⑥一体化：是指以物流系统为核心，由生产企业开始，经由物流企业销售企业，直至消费者的供应链的整体化和系统化。它出现于物流业发展的高级和成熟阶段。其发展可分为三个层次：物流自身一体化、微观物流一体化和宏观物流一体化。

⑦智能化：这是物流自动化、信息化的一种高层次应用，为了提高物流现代化的水平，物流的智能化已成为电子商务下物流发展的一个新趋势。

⑧国际化：电子商务加速了全球经济的一体化，也致使物流企业发展到了多国化的阶段。物流的全球化趋势也给企业带来了新的问题。全球化战略的趋势，使物流企业和生产企业更紧密地联系在一起，形成了社会大分工。

5.2
物流系统与物流管理

5.2.1 常用的物流系统

（1）物流系统的概念

物流系统是由物流各要素所组成的，物流各要素之间是存在有机联系的综合体。物流系统主要受内部环境以及外部环境的要素影响，使物流系统整体构成十分复杂，其外部存在过多的不确定因素，其内部存在着相互依赖的物流功能因素。

（2）物流系统的特点

物流系统除具有一般系统共有的整体性、相关性、目的性、环境适应性外，还具有以下特点：①物流系统是一个“人机系统”；②物流系统是一个大跨度系统；③物流系统是一个可分系统；④物流系统是一个动态系统；⑤物流系统是一个复杂的系统；⑥物流系统是一个多目标函数系统。

（3）物流系统的结构与分类

物流节点和线路结合在一起，构成了物流的网络结构，节点与线路的相互关系和配置形成物流系统的比例关系，这种比例关系就是物流系统的结构。

物流节点是指物流网络中连接物流线路的结节之处。按照节点的功能来分类，大致可分为以下几种类型：转运型节点、储存型节点、集散型节点、配送型节点、综合型节点。

物流线路是运输工具的载体和通过的途径，物流活动中货物的空间转移是通过运输工具在线路上的移动实现的，没有线路物流就成为空中楼阁。因此，线路是运输功能实现的客观条件。

线路在物流系统中具有十分重要的意义。首先，线路决定着物流系统的结构。其次，线路决定着物流的范围和能力。同时，线路的长度、密度及其质量还决定着运输的能力和效率，从而也决定着物流的能力和效率。

物流系统的建立和运行，需要有大量技术装备手段，这些装备手段就是物流系统的物质基础要素。物质基础要素包括：物流节点；物流装备；物流工具；信息技术。

物流系统的功能要素是物流系统所具有的基本能力，如运输、储存保管、包装，装卸搬运、流通加工、配送、物流信息等，这些要素主要有：包装功能要素；装卸功能要素；运输功能要素；储存功能要素；加工功能要素；配送功能要素；信息功能要素。

物流系统的建立需要有许多支撑手段，确定物流系统的地位，协调与其他系统的关系。这些支撑要素主要有：体制、制度；法律、规章；组织及管理；标准化。

物流系统可以从不同角度进行分类，按照物流功能或流转环节来分是较为常见的两种方法：

①按照物流功能分类，可分为：运输物流子系统；仓储物流子系统；装卸搬运子系统；包装加工子系统；配送子系统；信息子系统。

②根据物流业务性质分类，可分为：生产物流系统；供应物流系统；销售物流系统；回收物流系统；废弃物流系统。

（4）物流系统内部各要素之间的关系

在整个物流过程中，主要环节是物品的储存保管和运输，其他各构成要素都是围绕着这两项活动进行的。在物流系统内部各要素之间存在着相互依赖、相互作用和互为条件的关系。

（5）物流系统与外部环境的关系

物流系统不是一个孤立的系统，而是一个与社会环境紧密相连的开放型系统。作为物流功能的运输，与运输量多少有很大关系，而运输量的多少受运输设备能力、输送能力和收容能力等因素的直接影响；物流系统与外部环境的这种复杂关系，使物流系统涉及的方面十分广泛，因而增加了研究的难度和广度。

5.2.2 物流系统分析

（1）物流系统分析的概念

物流系统分析是一种有目的且有步骤的探索过程、一项研究问题的方法、解决问题的途径、优化的技术、决策的工具。

所谓系统分析就是利用系统科学的分析工具和方法，分析和确定系统的目的、功能、环境、费用与效益等问题。

物流系统分析要以整体为目标、以特定问题为对象，而且还要采用定量方法。

（2）物流系统分析的目的

物流系统分析的目的是通过分析比较各种替代方案的有关技术经济指标，得出决策所必需的资料和信息，以便获得最优系统方案。简而言之，就是通过对各种问题进行系统性分析，找到最优方案。

（3）物流系统分析的特点

物流系统分析是以系统整体效益为目标，以寻求解决特定问题的最优策略为重点，运用定性和定量的分析方法，给予决策者以价值判断，以求得到有利的决策。其主要具有以下特点。

①以整体为目标。构成物流系统的每一个要素不是孤立存在的，各要素之间相互影响、相互制约。例如：在物流系统的设计中，既要考虑需求因素，又要考虑运输、储存、设备选型等因素；在选择厂（库）址时，既要考虑造价因素，又要考虑运输、能源消耗、环境污染、资源供给等因素。在一个系统中，处于各个层次的子系统都具有特定的功能及目标，只有彼此分工协作，才能实现系统整体的共同目标。因此，只研究改善某些局部问题而忽略其他分系统是物流系统分析的最大忌讳。

②以特定问题为对象。物流系统分析的目的是寻求解决特定问题的最佳策略，因此这一活动的开展具有很强的针对性。物流系统中的许多问题都含有不确定因素，而物流系统分析就是针对这些不确定因素，研究解决问题的各种方案及其可能产生的结果。需要注意的是，不同的物流系统分析所解决的问题会有所不同，即使对同一个物流系统，由于所要解决的问题不同，也要进行不同的分析，制定不同的求解方法。所以，物流系统分析必须以求得解决特定问题的最佳方案为重点。

③运用定量方法。物流系统分析要借助于科学的方法或工具，在许多复杂的情况下，需要有精确可靠的数字和资料作为科学决断的依据，有些情况下利用数字模型有困难，还要借助于结构模型解析法或计算机模型，切忌单凭想象、经验和直觉做主观臆断。

④评价价值判断。在进行物流系统分析时，势必要对某些事物做某种程度的预测，或者用过去发生的事实作样本，以推断未来可能出现的趋势或倾向。由于所提供的资料有许多是不确定的变量，而客观环境又会发生各种变化，因此，在进行物流系统分析时，还要凭借各种价值观念进行判断和选优。

（4）物流系统分析的五要素

①目的：系统所希望达到的效果和结果，是决策的出发点。

②可行方案：为了达到目的，探索所有可能达成的方案。

③模型：对每一个可行方案，都要建立模型进行全方位的模拟分析。

④费用和效益：在每一个方案中，计算出其花费的费用以及可以带来的收益。

⑤评价标准：物流系统分析中确定各种可行方案优先顺序的标准。

（5）物流系统分析的原则

一个物流系统是由各个功能环节构成，由于环节多、流程长、范围广且错综复杂，因此，在物流系统分析中要依据以下原则：

①整体效益原则。局部效益要求服从整体效益。

②总成本观原则。物流总成本观是指在保持一定的服务水平的条件下，应同时考虑所有的有关成本项目。

③次最大化原则。就是每一个利益对象，把自身利益按照程度进行分级，然后以次最大化的那个选项为第一考虑。

④当前与长远效益相结合原则。如果只顾当前利益而忽视长远利益，就容易导致物流系统短期之内达到饱和，发展后劲不足。

⑤内部分析与外部环境因素相结合原则。内部的分析只有与社会经济发展动向、产品的市场状况等各种大环境因素相结合，才能顺应发展，取得成功。

5.2.3 物流装卸搬运与仓储保管

5.2.3.1 物流装卸搬运

装卸是指将物品以人力或运用机械装入运输设备或从运输设备卸下。

（1）装卸搬运的意义

①在物流活动转换中起承上启下的联结作用；
②在物流成本中占有重要地位；
③是提高物流系统效率的关键；

（2）装卸搬运的特点

①装卸搬运是附属性、伴生性的活动。装卸搬运是物流每一项活动开始及结束时必然发生的活动，因而时常被人忽视，有时被看作其他操作时不可缺少的组成部分。例如，一般而言的“汽车运输”，就实际包含了相随的装卸搬运，仓库中泛指的保管活动，也含有装卸搬运活动。

②支持、保障性活动。装卸搬运的附属性不能理解成被动的，实际上，装卸搬运对其他物流活动有一定的决定性。装卸搬运会影响其他物流活动的质量和速度。例如：装车不当，会引起运输过程中的损失；卸放不当，会引起货物转换成下一步运动的困难。许多物流活动在有效的装卸搬运支持下，才能实现高水平。

③衔接性的活动。在任何其他物流活动互相过渡时，都是以装卸搬运来衔接，因而装卸搬运往往成为整个物流的“瓶颈”，是物流各功能之间能否形成有机联系和紧密衔接的关键，而这又是一个系统的关键。建立一个有效的物流系统，关键看这一衔接是否有效。

（3）装卸搬运的分类

①按装卸搬运施行的物流设施、设备对象分类，可分成仓库装卸、铁路装卸、港口装卸、汽车装卸、飞机装卸等。

②按装卸搬运的机械及机械作业方式分类，可分成使用吊车的“吊上吊下”方式，使用叉车的“叉上叉下”方式，使用半挂车或叉车的“滚上滚下”方式、“移上移下”方式及散装方式等。

③按被装物的主要运动形式分类，可分为垂直装卸、水平装卸两种形式。

④按装卸搬运对象分类，可分成散装货物装卸、单件货物装卸、集装货物装卸等。

⑤按装卸搬运的作业特点分类，可分成连续装卸与间歇装卸两类。

（4）装卸搬运合理化

装卸合理化的主要目标是节省时间、节约劳动力、降低装卸成本。

①提高装卸搬运活性。装卸搬运活性的含义是指把物品从静止状态转变为装卸搬运状态的难易程度。为了区别活性的不同程度，可用“活性指数”表示。“活性指数”共五个等级，分别表示活性程度从低到高。

②防止无效装卸。无效装卸会造成装卸成本的浪费，另外装卸质量受损可能性增大，同时降低物流速度。无效装卸主要表现为：过多的装卸次数；过大的包装装卸；无效物资的装卸。

（5）装卸方法

①单件作业法。单件作业法是逐件装卸搬运的人工方法。主要适用于以下情况：一是装卸搬运场合不适宜采用机械装卸；二是物品形状特殊等。

②集成作业法。集成作业法是对物资先进行集中装置，如采用集装箱、托盘等，再进行装卸搬运的方法。这样把散装、小件物品集成一定质量或体积的组合件，有利于机械装卸。

③重力倾翻作业法。重力倾翻作业法是将运载工具倾斜侧翻卸出货物的方法。

④流水连续作业法。流水连续作业法是采用链带式运输机械对货物连续实行装卸搬运的方法。

在实际装卸搬运操作之中，往往是多种方法综合运用。

5.2.3.2 物流仓储保管

(1) 保管储存的含义

保管储存指对物品货物进行保存及对其数量、质量进行管理控制的活动。

保管储存与运输是物流的两个主要功能要素，“运输”改变了物品货物的空间状态，而“保管储存”改变了物品货物的时间状态。保管储存使物品货物安全放置一段时间，从而实现了物品货物在“供应链”中上下环节的衔接；还能调节上下环节流量的差异，从而保持了生产与流通的正常，使社会再生产不断发展。保管储存的这两个作用称为“蓄水池”与“调节阀”。

(2) 仓储的功能

①仓储是社会生产顺利进行的必要过程；

②仓储可调节生产和消费的时间差别，维持市场稳定；

③仓储可起到实现劳动产品价值的作用；

④仓储是流通过程的衔接；

⑤仓储是市场信息的传感器；

⑥仓储是开展物流管理的重要环节；

⑦仓储是提供信用的保证。

(3) 仓储的分类

①按仓储在再生产中的作用划分，可分为生产仓储、流通仓储、国家仓储。

②按仓储经营主体划分，可分为企业自营仓储、营业仓储、公共仓储。

③按仓储对象划分，可分为普通商品仓储、特殊物品仓储。

④按仓储功能划分，可分为储存仓储、配送仓储、运输转换仓储、保税仓储。

(4) 仓储的合理化

仓储的合理化主要包括：

①库存结构的合理化；

②实现库存时间的合理化；

③实现空间的合理化；

④采用有效的储存定位系统；

⑤采用有效的监测清点方式；

⑥采用现代储存保养技术，避免对仓储物品质量的损坏。

（5）仓库的主要作业

专业的物流企业的仓库（又称现代物流储存中心）要通过先进的管理、技术和现代化信息网络，对商品的采购、验收、储存、分拣、配送等业务进行科学、统一、规范的管理，使商品物资的流通运动过程达到高效、协调、有序。

仓库的主要作业包括以下内容。

①入库。

a. 验收作业。包括质量验收、包装验收、数量验收。

b. 收货单据处理。包括商品信息的登录和作业辅助信息的收集与整理。

c. 安排货位。安排货位时，必须将安全、方便、节约的思想放在首位，使货位合理化。

d. 搬运。经过充分的入库准备及货位安排后，搬运人员就可把验收场地上经过点验合格的入库货物，按每批入库单开支的数量和相同的品类集中起来，分批送到预先安排的货位，需做到进一批清一批，严格防止品类互串和数量溢缺。

e. 堆码。货物堆码主要有散堆方式、垛堆方式、货架方式、成组堆码方式。

f. 办理入库手续。包括立卡、登账、建档和签单。

②保管保养。

a. 苫垫：包括垫垛、苫盖两个环节。

b. 在库保管：控制好仓库温度、防治仓储商品霉腐、仓储商品防除锈、防治仓库虫害。

c. 仓储安全管理。

d. 仓库清洁卫生。

e. 在库检查。

f. 异状处理。

g. 出库复查。

③出库。

a. 出库前准备。对货物原件的包装整理；零星货物的组配、分装；包装材料、工具、用品的准备；待运货物的仓容及装卸机具的安排调配；发货作业的合理组织。

b. 核对出库凭证。

c. 备货。包括销卡、理单、核对、点数、签单。

d. 理货。包括核对、置唛、待运装车。

e. 全面复核查对。

f. 登账。

g. 交接清点。

5.2.4 物流配送

5.2.4.1 配送与配送中心

（1）配送的含义

配送是指将从供应者手中接收的多品种、大批量货物，进行必要的储存保管，并按用户的订货要求进行分货、配货后，将配好的货物在规定的时间内，安全、准确地送交需求用户的一项物流活动。

（2）配送中心的含义

配送中心是从事对特定用户送货业务的集货、加工、分货、拣选、配选和组织，以高水平实现销售或供应的现代流通服务场所和组织。

配送中心的功能一般有：采购功能、存储功能、配组功能、分拣功能、分装功能、集散功能、加工功能等。

5.2.4.2 配送的作用与分类

（1）配送的作用

①配送是实现流通社会化的重要手段；
②配送通过集中库存使企业实现低库存或零库存，提高保证供应程度；
③配送有利于实现运输的合理化；
④配送是为消费者提供方便、优质服务的重要方式。

（2）配送的分类

①按实施配送组织者的不同划分，可分为配送中心配送、仓库配送、商店配送、生产企业配送。

②按配送商品的种类和数量划分，可分为单（少）品种、大批量配送，多品种、小批量配送，成套配套。

③按配送时间和数量划分，可分为定时配送、定量配送、定时定量配送、定时定路线配送、即时配送。

④按配送的组织形式划分，可分为共同配送、集团配送、独立配送。

5.2.4.3 配送的一般流程及要素

（1）备货

备货是配送的准备工作或基础工作，备货工作包括筹集货源、订货或购货、集货、进货及有关的质量检查结算、交接等。配送的优势之一就是可以集中用户的需求进行一定规模的备货。备货是决定配送成败的初期工作，如果备货成本太高，会大大降低配送的效益。

（2）储存

配送中的储存有储备及暂存两种形态。

配送储备是按一定时期的配送经营要求，形成的对配送的资源保证。这种类型的储备数量较大，储备结构也较完善，视货源及到货情况，可以有计划地确定周转储备及保险储备结构及数量。配送的储备保证有时在配送中心附近单独设库解决。

配送暂存是具体执行日配送时，按分拣配货要求，在理货场地所做的少量储存准备。由于总体储存效益取决于储存总量，所以，这部分暂存数量只会对工作方便与否造成影响，而不会影响储存的总效益，因而在数量上控制并不严格。还有另一种形式的暂存，即是分拣、配货之后，形成的发送货载的暂存，这个暂存主要是调节配货与送货的节奏，暂存时间不长。

（3）分拣及配货

分拣及配货是配送不同于其他物流形式的有特点的功能要素，也是配送成败的一项重要支持性工作。分拣及配货是完善送货、支持送货准备性工作，是不同配送企业在送货时进行竞争和提高自身经济效益的必然延伸，所以，也可以说是送货向高级形式发展的必然要求。有了分拣及配货就会大大提高送货服务水平，所以，分拣及配货是决定整个配送系统水平的关键要素。

（4）配装

在单个用户配送数量不能达到车辆的有效载运负荷时，就存在如何集中不同用户的配送货物，如何进行搭配装载以充分利用运能、运力的问题，这就需要配装。和一般送货不同之处在于，通过配装送货可以大大提高送货水平及降低送货成本，所以，配装是配送系统中有现代特点的功能要素，也是现代配送不同于以往送货的重要区别之一。

（5）配送运输

配送运输属于运输中的末端运输、支线运输，和一般运输形态主要区别在于：配送运输是较短距离、较小规模、额度较高的运输形式，一般使用汽车作运输工具。

与干线运输的另一个区别是，配送运输的路线选择问题是一般干线运输所没有的，干线运输的干线是唯一的运输线，而配送运输由于配送用户多，一般城市交通路线又比较复杂，如何组合成最佳路线，如何使配装和路线有效搭配等，是配送运输的特点，也是难度较大的工作。

（6）送达服务

配好的货运输到用户手中还不算配送工作的完结，这是因为送达货和用户接货往往还会出现不协调，使配送前功尽弃。因此，要圆满地实现运到之货的移交，并有效地、方便地处理相关手续并完成结算，还应讲究卸货地点、卸货方式等。送达服务也是配送独具的特殊性。

（7）配送加工

在配送中，配送加工这一功能要素不具有普遍性，但往往是有重要作用的功能要素。主要原因是通过配送加工，可以大大提高用户的满意程度。

配送加工是流通加工的一种，但配送加工有它不同于一般流通加工的特点，即配送加工一般只取决于用户要求，其加工的目的较为单一。

5.3 现代物流的运用

5.3.1 电子商务物流

5.3.1.1 电子商务物流的概念

电子商务物流实际上就是在电子商务环境下的现代物流，是指基于电子化、网络化后的信息流、商流、资金流下的物资或服务的配送活动，包括软体商品（或服务）的网络传送和实体商品（或服务）的物理传送。它包括一系列机械化、自动化工具的应用，准确、及时的物流信息对物流过程的监控，使得电子商务中的物流的流动速度加快、准确率提高，从而有效减少库存，缩短生产周期，最终达到使物流的流动速度加快，尽量与电子商务中的其他“三流”相匹配的目的。

5.3.1.2 电子商务物流的优势

电子商务物流一般是指物流企业采用网络计算机技术和现代硬件设备、软件系统和先进的管理方法，严格按照要求对当地城市及其周边地区居民进行配送。按照用户顺序要求，进行一系列的分类、安排、分工、分配等统计工作，定时、定点、定量地为各类用户配送，以满足他们对商品的需求。

与传统的物流配送模式相比，电子商务物流配送模式具有以下优势。

（1）减少存储设备需求

传统的城市物流配送系统首先需要大面积的仓库。电子商务下的城市物流配送系统将分散在不同地点的仓库连接起来，通过网络系统可以属于不同的所有者，从而形成一个“虚拟”的物流配送系统。由仓库“统一管理和部署”。

（2）有效分配

在传统的物流配送企业中，为了合理地将大量的资源分配给多个客户，需要大面积的仓库进行库存。由于空间限制，库存的数量和类型受到很大限制。在电子商务系统中，配送系统的信息集成可以使虚拟企业通过网络系统分散在不同的所有者所在的仓库中，成为“集成仓库”。统一部署、协调和管理，扩大服务半径和货物配送空间。在这种情况下，货物配送的速度、规模和效率大大提高，从而可以实现货物的有效配送。

（3）实时控制

传统的物流配送流程由多个业务流程组成，每个业务流程都依赖于人员进行连接和协调。它不可避免地受到人为因素的影响，并且在问题发现和故障诊断中会存在时间延迟。

借助于网络系统，电子商务物流配送模式能够实现配送过程的实时监控和决策、配送状态的信息处理、货物的流通、环节的搜索和订单的快速失配。通过传统的物流配送、配送系统自动编程处理、配送过程中的动态控制，指令的即时性使得配送得到及时的控制。

（4）简化物流配送

传统物流配送的整个环节非常烦琐，在新的物流配送中心网络中，这个过程可以大大缩短。网络支持技术可以更充分地应用于网络环境中，缩短物流配送周期，改变物流配送的组织模式。计算机系统管理可以使整个物流配送管理过程变得简单，网上商务推广可以使购物和交易过程更加高效和廉价，可以提高城市物流配送企业的竞争力。

（5）支持供应链决策能力

一方面用户可以通过网络了解订单处理的情况，并且可以在任何时候提出建议和意见；另一方面配送业务人员可以直接与消费者联系，面对面交流，真正感受到这种感觉和意见。对于用户来说，为供应链的每个环节决策提供了大量的支持信息。

5.3.1.3 电子商务与物流的关系

（1）电子商务对物流活动的影响

①电子商务改变了人们传统的物流观念；
②电子商务改变了物流的运作方式；
③电子商务改变了物流企业的经营形态；
④电子商务促进了物流基础设施的改善；
⑤电子商务促进了物流技术与管理水平的提高。

（2）物流对电子商务的影响

①物流是电子商务的重要组成部分；
②物流是实现电子商务的保证；
③物流保证了生产的顺利进行；
④物流服务于商流；
⑤物流是实现以“顾客为中心”理念的根本保证。

（3）电子商务下物流业的发展趋势

①物流业朝着多功能化的方向发展。
a．一体化的配送中心。
b．合同型物流方式。
c．服务的多样性。
d．技术的多样性。
②物流企业追求一流的服务。

a．扩大服务区域。
b．改变服务观念。
c．注重服务质量和水平。
③现代物流业要走信息化之路。
a．建立良好的信息处理系统。
b．建立高效客户响应和准时制系统。
④物流企业的竞争趋向全球化。
a．全球化的物流模式。
b．全球化战略定位。

（4）电子商务发展的物流瓶颈

①物流可否成为电子商务发展的瓶颈。
②阻碍电子商务的三个物流问题：因物流而影响利润；对体力的极大考验；工作太烦琐。

（5）电子商务下物流的发展对策

①寻求政府支持；
②组建的配送中心、物流企业一开始就要合理规划布局；
③采用第三方物流模式；
④为适应电子商务的需要，配送中心的功能应有所变化；
⑤建立物流企业要立足于高科技、高起点。

5.3.2 供应链物流管理

5.3.2.1 供应链物流管理的概念

供应链物流管理是以物流为控制对象的供应链管理。它致力于将企业生产经营中的所有物流活动组成一个完整的供应链，实行一体化管理。

从物流系统的角度看，供应链物流管理是将供应链中的上下游企业作为一个整体，通过相互合作、信息共享，实现库存的合理配置，提高物流的快速反应能力，降低物流成本的一种物流管理方式。

5.3.2.2 供应链管理与物流的关系

物流管理是供应链过程的一部分，它对从原产地带消费地的有效率且高效的物流和货物储存、服务及相关信息进行计划、实施和控制，以满足顾客的需要。

5.3.2.3 供应链管理的内容

供应链管理主要涉及四个主要领域：供应、生产计划、物流和需求。这四个领域中，需求是关键的要素。供应链运作的表象是物流、信息流、资金流（即人们通常所说的“三流”）。

5.3.2.4 供应链管理的模式

（1）供应链管理与传统管理模式的区别

①供应链管理把供应链中所有节点企业看作一个整体，供应链管理涵盖整个物流（从供应商到最终用户的采购、制造、分销、零售等）的职能领域过程；

②供应链管理强调和依赖战略管理；

③供应链管理最关键的是需要采用集成的思想和方法，而不仅仅是节点企业、技术方法等资源简单的连接；

④供应链管理具有更高的目标，通过管理库存和合作关系来达到高水平的服务，而不是仅仅完成一定的市场目标。

（2）供应链管理的三种模式

①以制造企业为主导的供应链；

②以零售企业（连锁超市）为主导的供应链；

③以3PL（第三方物流）为主导的物流服务供应链。

5.3.2.5 供应链物流管理的目标

①总成本最小化；

②客户服务最优化；

③总库存最小化；

④总周期时间最短化；

⑤物流质量最优化。

5.3.2.6 供应链物流管理的要素

①客户物流：供应链物流的起点。

②核心企业：供应链物流的协调与管理中心。

③企业接口物流：供应链物流管理的利润源。

④现代信息与网络技术：供应链物流管理实现的基础前提。

⑤现代管理思想与方法：供应链物流管理实现的理论保证。

5.3.2.7 供应链物流管理方法

（1）供应商管理用户库存

供应商管理用户库存是一种在用户和供应商之间的合作性策略，以对双方来说都是最低的成本优化产品的可获性，在一个相互同意的目标框架下由供应商管理库存，这样的目标框架被经常性监督和修正，以产生一种连续改进的环境。

供应商管理库存的策略可以分为以下几个步骤实施：①建立客户情报信息系统；②建立销售网络系统；③建立供应商和分销商的合作框架协议；④组织机构的变革。

（2）联合库存管理

联合库存管理是一种在合作性策略模式的基础上发展起来的上游企业和下游企业权利责任平衡和风险共担的库存管理模式。

联合库存管理的策略可以分为以下几个步骤实施：①建立供需协调管理机制。具体包括：建立共同合作目标；建立联合库存的协调控制方法；建立一种信息沟通的渠道或系统；建立利益的分配、激励机制；②发挥两种资源计划系统的作用；③建立快速响应系统；④发挥第三方物流系统的作用。

（3）快速反应

快速反应是指通过供应链成员企业之间建立战略合作伙伴关系，利用电子数据交换等信息技术，进行销售时点以及订货补充等经营信息的交换，用多频度、小数量配送方式连续补充商品，以实现缩短交货周期，减少库存，提高顾客服务水平和企业竞争力为目的的一种供应链物流管理方法。

快速反应的实施步骤如下：①采用条形码和EDI；②固定周期补货；③先进的补货联盟；④零售空间管理；⑤联合产品开发；⑥快速反应的集成。

（4）有效客户反应

有效客户反应是供应链上各个企业以业务伙伴方式紧密合作，了解消费者需求，建立一个以消费者需求为基础和具有快速反应能力的系统。

有效客户反应的主要基础架构分为四大领域：

①需求面管理。具体包括：需求策略与能力；商品组合最佳化；促销最佳化；新商品导入最佳化；合作创造消费者的价值。

②供应面管理。具体包括：供应策略与能力；有效供给；整合需求导向的供给；操作最佳化。

③驱动力管理。为使需求面管理和供应面管理能真正落实，商品识别与数据管理能力的支持是主要的驱动力。例如，交易伙伴间的商品交易流程都需要有标准格式或信息，才能保证正确和实时的信息响应。驱动力包含三个领域：共同识别标准、交换信息标准、全球数据同步。

④整合力管理。需求与供应管理的策略能力结合新科技的应用和发展，改变原有的商业模式，形成协同式电子商务并持续增加与交易伙伴的互动和价值提升。整合力管理包含两个领域：协同计划与预测；成本/利润与价值计量。

预期效益：减少存货成本；较低的商品售价；降低缺货率；销售额（量）提升。

（5）协同计划、预测与补货

协同规划、预测与补货（CPFR）是利用互联网通过零售企业与生产企业的合作，共同做出商品预测，并在此基础上实行连续补货的系统。

CPFR的本质特点表现为：

①协同。供应链上下游企业只有确立起共同的目标，才能使双方的绩效都得到提升，取得综合性的效益。协同的第一步就是保密协议的签署、纠纷机制的建立、供应链计分卡的确立以及共同激励目标的形成。

②规划。包含合作规划（品类、品牌、分类、关键品种等）以及合作财务（销量、订单满足率、定价、库存、安全库存、毛利等），还需要双方协同制订促销计划、库存政策变化计划、产品导入和终止计划以及仓储分类计划。

③预测。任何一个企业或双方都能做出预测，但是CPFR强调买卖双方必须做出最终的协同预测，像季节因素和趋势管理信息等无论是对服装或相关品类的供应方还是销售方都是十分重要的，基于这类信息的共同预测能大大减少整个价值链体系的低效率、“死库存”，促进更好的产品销售，节约使用整个供应链的资源。

④补货。销售预测必须利用时间序列预测和需求规划系统转化为订单预测，并且供应方约束条件（如订单处理周期、前置时间、订单最小量、商品单元以及零售方长期形成的购买习惯等）都需要供应链双方加以协商解决。

5.3.3 第三方物流

5.3.3.1 第三方物流的概念

第三方物流是指生产经营企业为集中精力搞好主业，把原来属于自己处理的物流活动，以合同方式委托给专业物流服务企业，同时通过信息系统与物流服务企业保持密切关系，以达到对物流全程的管理和控制的一种物流运作与管理方式。第三方物流有合同制物流、外协物流和全方位物流服务公司。

5.3.3.2 第三方物流的模式分类

对第三方物流模式进行分类时，主要是按照资源进行划分，可分为以下两种模式。

①自主发展模式。一些有优秀的物流管理人才的仓储运输企业，可以通过不断地探讨和实践，寻找出适合企业自身条件的第三方物流发展模式。

②合作发展模式。对于那些基础比较差，特别是管理水平比较低的企业可以与第三方物流企业合作，在合作中不断学习和借鉴第三方物流企业的管理理念和经验，或者在合作者的帮助下，逐步开发第三方物流业务。

5.3.3.3 第三方物流业态（3PL）的经营特征

（1）货主将物流外包给3PL业者的主要目的

①提高顾客服务水平；
②削减物流成本；
③提高市场竞争能力。

（2）3PL业务

①市场动态调查；
②物流系统设计及改善；
③作业；
④费用设定。

（3）3PL业者须具备的条件

①对货主企业物流系统的设计、改善能力；
②物流信息系统开发能力、软件使用能力；
③提供供应链各个环节服务的技术能力；
④适应国际物流需要的网络；
⑤负担作业风险的企业实力。

释解：第一方物流，是指需求方为采购而进行的物流，如赴产地采购、自行运回商品；第二方物流，是指供应方为了提供商品而进行的物流，如供应商送货上门；第三方物流，是指由物流的供应方与需求方之外的第三方所进行的物流；第四方物流，是指提供各种物流信息咨询服务的企业；第五方物流，是指提供各层次物流人才培训服务的企业。

5.3.3.4 第三方物流的服务项目

第三方物流系统对应服务项目及服务内容，请参照表5-1。

表5-1 第三方物流的服务项目及服务内容

物流系统	服务项目	服务内容
采购物流	代理供货系统	原材料、零部件从供货商到生产线供货及时配送、共同保管、共同配送、库存管理、紧急对应
生产物流	工厂物流业务整体外包	工厂内物流、发送管理等对顾客生产活动的侧面支援、物料管理、包装设计、包装作业、发送管理、运输作业等
销售物流	信息、保管、配送网络系统长距离运输网络系统大型物件、精密机器物流	信息、保管、配送三功能一体化的物流系统经济、快捷的国际运输网络、长距离整车运输、配载运输、特殊物品运输、中转运输各种工程项目所用物资，需要谨慎搬运的精密仪器、商品的运输、搬入、安装等一条龙服务
国际物流	进口、出口物流，海外物流，第三国物流	陆、海、空运输手段的效率化利用国际物流信息系统顺畅地进行进口、出口以及第三国物流活动
回收物流	产业废弃物的收集、搬运服务，各种再生利用资源的回收，运输服务办公机器的回收服务	从回收、运输到中间处理和再生利用，连贯的环境型再生利用服务
其他	会展品、美术品运输搬家、大规模搬移	会展品、美术品的包装、运输搬入、安装、家庭搬家、工厂大规模搬移等

第6章

客户关系管理

6.1
客户与客户关系

6.1.1 关系营销与客户关系管理

6.1.1.1 关系营销的概念

所谓关系营销，是把营销活动看成是一个企业与消费者、供应商、分销商、竞争者、政府机构及其他公众发生互动作用的过程，其核心是建立和发展与这些公众的良好关系。关系营销的市场结构包括外部顾客市场、供应商市场、内部市场、竞争者市场、分销商市场、招聘市场等，从而大大地拓展了传统市场营销的含义和范围。关系营销的概念最早由学者白瑞（Berry）于1983年提出，他将其界定为“吸引、保持以及加强客户关系”，这一概念的提出促使企业纷纷从简单的交易性营销转向关系营销——即在企业与客户和其他利益相关者之间建立、保持并稳固一种长远的关系，进而实现信息及其他价值的相互交换。1996年Berry又进一步把关系营销定义为通过满足客户的想法和需求进而赢得客户的偏爱和忠诚。

6.1.1.2 关系营销的本质特征

关系营销概念的提出，从根本上改变了传统营销将交易视作营销活动关键和终结的狭隘认识。企业应在主动沟通、互惠互利、承诺信任的关系营销原则的指导下，利用亲缘关系、地缘关系、业缘关系、文化习惯关系、偶发性关系等与顾客、分销商及其他组织和个人建立、保持并加强关系，通过互利交换及共同履行诺言，使有关各方实现各自的目的。面对日益残酷的竞争挑战，许多企业逐步认识到保留老顾客比吸引新顾客收益更高。随着顾客的日趋大型化和数目不断减少，每一个客户显得越发重要。企业对现有客户的交叉销售的机会日益增多，更多的大型公司正在形成战略伙伴关系来对付全球性竞争，而熟练的关系管理技术正是必不可少的。关系营销与传统的交易营销相比，它们在对待顾客上的不同之处主要在于：

①交易营销关注的是一次性交易，关系营销关注的是如何保持顾客；

②交易营销较少强调顾客服务，而关系营销则高度重视顾客服务并借助顾客服务提高顾客满意度、培育顾客忠诚度；

③交易营销往往只有少量的承诺，关系营销则有充分的顾客承诺；

④交易营销认为产品质量应是生产部门所关心的，关系营销则认为所有部门都应关心质量问题；

⑤交易营销不注重与顾客的长期联系，而关系营销的核心就在于发展与顾客的长期、稳定关系。关系营销不仅将注意力集中于发展和维持与顾客的关系，而且扩大了营销的视野，它涉及的关系包含了企业与其所有利益相关者之间所发生的所有关系。

6.1.1.3 关系营销的基础

关系营销建立在客户、关联企业、政府和公众四个层面上，它要求企业在进行经营活动时，必须处理好与这四者之间的关系。

客户是企业生存和发展的基础。企业离开了客户，其营销活动就成了无源之水，无本之木。市场竞争的实质就是争夺客户，客户忠诚的前提是满意，而客户满意的关键条件是客户需求的满足。要想同客户建立并保持良好的关系，必须做到以下几点：

①必须真正树立以消费者为中心的观念，并将此观念贯穿于企业生产经营的全过程。产品的开发应注重消费者的需要，产品的定价应符合消费者的心理预期，产品的销售应考虑消费者的购买便利和偏好等。

②切实关心消费者利益，提高消费者的满意程度，为客户提供高附加值的产品和服务。通过产品的品牌、质量、服务等，为客户创造最大的让渡价值，使他们感觉到物超所值。

③重视情感在客户做购物决策时的影响作用。技术使人们之间沟通的机会减少，但人们却更希望通过交流，追求高技术与高情感间的平衡。企业在经营中要注意到客户的这种情感因素。

6.1.1.4 客户关系管理

（1）客户关系管理的概念与发展

①客户关系的概念。客户关系管理（CRM）是指企业为提高核心竞争力，利用相应的信息技术以及互联网技术协调企业与顾客间在销售、营销和服务上的交互，从而提升其管理方式，向客户提供创新式的、个性化的客户交互和服务的过程。其最终目标是吸引新客户、保留老客户以及将已有客户转为忠实客户，增加市场。客户关系管理作为企业经营管理的核心，以客户为中心，以客户分类管理和客户关系管理为基础，以信息技术为平台，对业务功能进行重新定义，对业务流程进行优化和梳理，以企业和客户为参与者，实现市场、销售、服务的一体化。通过满足客户个性化的需要、提高客户忠诚度，实现缩短销售周期、降低销售成本、增加收入、拓展市场、全面提升企业盈利能力和竞争能力的目的。企业实施客户关系管理的初衷都是想为顾客创造更多的价值，即实现顾客与企业的“双赢”。

②客户关系管理的发展。传统的客户关系4P理论（产品Product、价格Price、渠道Place、促销Promotion）是管理咨询公司麦肯锡于1960年提出的，在传统经济时代起到了卓越的功效。然而，随着新经济的产生与发展，消费者在企业营销中的主体地位日益确立，原有的4P理论已不足以满足客户价值的需要。1990年，以美国劳特朋（Lauterbom）为代表的营销专家认为：企业从事营销必须以客户为中心而不应以企业为中心，为此他们提出了4C理论，即消费（Consumer）、成本（Cost）、沟通（Communication）和便利性（Convenience）。4C理论的提出对传统的4P理论冲击很大，因为传统4P理论是一种企业导向而非真正的客户导向，而4C理论的经营哲学则刚好相反，它是一种由外向内的经营思维，是市场观念的具体体现。因此，当时有学者认为，在网络经济下，4C理论将替代4P理论，但4C理论的提出同样有以下局限性：

a．4C理论以消费者为导向，着重寻找和满足消费者需求；

b．4C理论以消费者需求为导向，但消费者需求存在一个合理性问题；

c．4C理论没有提出解决如何满足消费者需求的操作性问题；

d．4C理论仍然解决不了当前企业所面临的营销问题；

e．4C理论被动适应消费者需求的特色较重。

随后，4R理论被推出：

- 关联（Relevancy）。企业与客户是一个命运共同体，在经济利益上是相关的、联系在一起的，建立、保持并发展与客户之间的长期关系是企业经营中的核心理念和最重要的内容。
- 反应（Response）。在如今的相互影响的市场中，对经营者来说，最现实的问题不在于如何控制、制订和实施计划，而在于如何站在客户的角度及时地倾听客户的希望、渴望和需求并及时答复和迅速做出反应，以满足客户的需求。
- 关系（Relation）。在企业与客户的关系发生了本质性变化的市场环境中，抢占市场的关键已转变为与客户建立长期而稳固的关系，与此相适应产生了五个转向：从一次交易转变为强调建立友好合作关系，长期地拥有客户；从着眼于短期利益转向重视长期利益；从客户被动适应企业单一销售转向客户主动参与到生产过程中来；从相互的利益冲突变成共同的和谐发展；从管理营销组合变成企业与客户的互动关系。
- 回报（Return）。任何交易与合作关系的巩固与发展，对于双方主体而言都是一个经济利益问题。因此，一定的合理回报既是正确处理营销活动中各种矛盾的出发点，也是营销的落脚点。

客户关系管理首先是一种理念，然后才是一种技术，但理念的实现离不开技术，而技术也会对营销理论进行充实和补充，这主要体现在两个方面：CRM的互联网应用已经超越了原来营销理论的单一“互联网营销”的使用范畴，成为新时代的另一种销售、服务、营销、信息采集与传送等业务领域全天候的客户互动渠道。企业的市场营销策略将与技术更加密切相关，实施的成败将很大程度上取决于CRM应用系统在企业中的实施状况，即技术将直接影响企业的营销战略。一个对技术不甚了解的营销经理将不再能适应新的发展形势。

（2）客户关系管理发展的重要动力因素

CRM的高速发展得益于技术发展和管理创新的完美结合，以下4个方面成为了推动CRM发展的重要动力因素。

①网络技术使客户的选择权空前加大。在传统零售批发时代，由于地域、信息等因素，商品的主动权在生产商手里；而随着市场化和信息化的发展，客户与生产商的权利发生了转移，尤其是进入网络时代后，客户在商品购买方面牢牢掌握了主动权，如图6-1所示。

②激烈的市场竞争。20世纪80年代以来，激烈的市场竞争环境是促进CRM发展的又一个重要环境因素。在这个新的竞争环境下，企业想保持和扩大自己的市场份额就必须提高自身的市场竞争力。市场竞争主要分为以下四种：

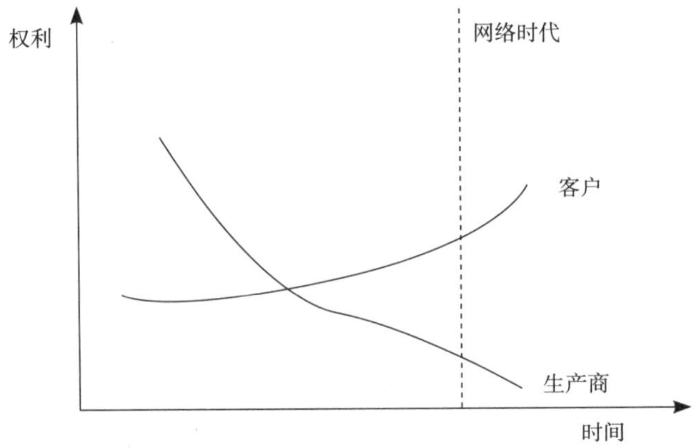

图6-1　客户和生产商的权利转移

a．竞争的全球化；

b．产品竞争转向服务；

c．内部潜力的挖掘已经不足以产生明显的竞争优势；

d．在互联网时代创立的e化企业对传统市场的蚕食。

③企业内部管理的需要。供应链管理（ERP）的应用实施使企业得到了很大的帮助。但是，ERP的设计主要针对生产、流通、财务领域，而对与客户有关的企业经营活动（比如在销售、服务和营销活动方面）传统的ERP系统还无法提供一个有效的整合手段。尤其一些企业内部的众多低效率、内耗式的业务活动，充分说明了企业内部管理需求是CRM快速发展的原始动力，原因主要表现在两个方面：客户信息零散分割导致客户服务效率低下；客户信息零散分割影响营销工作。

④电子商务和信息技术的发展。随着电子商务与信息技术的发展，全面推动着社会的发展，消费者在享受着商品便利性的同时，对于服务的要求也越来越个性化：电子商务技术的发展使个性化服务成为可能；信息技术的快速发展是CRM发展的强大推动力。

如同企业的产品有生命周期一样，客户同样也是有生命周期的。客户的保持周期越长久，企业的相对投资回报就越高，从而给企业带来的利润也会越大。由此可见，保留客户非常重要。保留什么样的客户，如何保留客户是客户关系管理要解决的重要问题。

（3）客户关系管理的目标

①提高销售额；

②增加利润率；

③提高客户满意度；

④降低市场销售成本。

（4）客户关系管理的实施阶段

CRM能否成功实施的关键，在于对客户数据的有效处理和分析。通过分析，使企业理解客户行为及其购买方式，发现适合不同客户的多样化的销售形式，进而以分析结果为依据实现企业业务过程和内部组织结构的调整。因此，CRM的实施可以分为三个阶段：应用业务集成阶段、业务数据分析阶段和决策执行阶段。

①应用业务集成阶段。将多渠道来源的数据进行整合，实现业务数据的集成与共享。这一环节的实现，使系统使用者在系统内可以得到各类数据的忠实记录，代表目前真实发生的业务状况。

②业务数据分析阶段。对数据的分析可以采用联机分析处理（OLAP）的方式进行，生成各类报告。这一步反映了业务的当前状况，也对未来业务计划的调整起到了指导作用。

③决策执行阶段。依据数据分析所提供的可预见性的分析报告，企业可以将在业务过程中所学到的知识加以总结利用，对业务过程和业务计划等做出调整。通过调整达到增强与客户之间的联系，以达到使业务运作更适应市场要求的目的。

（5）客户关系管理的实践意义

随着市场竞争的愈演愈烈，传统的企业管理系统越来越难以胜任动态的客户渠道和关系的管理，互联网下的CRM系统给企业带来了经营管理方式上的重大变革，对企业的发展具有非常重要的实践意义：

①全面提高企业运营效率；

②优化企业市场价值链；

③保留老客户并吸引新客户；

④不断拓展市场空间。

（6）客户关系管理在中国的应用与发展

在如今的商务环境中，越来越多的中国公司认识到管理客户关系的重要性，CRM在中国的应用也越来越广泛。伴随着微软正式进入CRM市场，国际CRM供应商的合并和兼并，中国的CRM应用也呈现了新的发展趋势。

（7）客户关系管理的内容

企业要想有效地利用客户关系管理来实现以“客户为中心”的运营模式，需要从客户服务、市场营销和销售管理三大环节入手，本书将主要分享客户服务的环节。

现代市场的竞争就是“客户争夺战”。面对丰富的市场和激烈的竞争，越来越多的企业在生产经营中开始关注人的因素，积极主动地向客户出击，并以客户的需求和利益为中心，最大限度地满足客户的需求欲望和长远利益。因此，企业的核心竞争力就是管理客户关系的能力，通俗地讲就是把潜在客户转化为现实客户，把新客户转化为老客户，把老客户转化为终身客户。从20世纪90年代开始，客户满意度的研究就成为一个研究的热点。要扩大市场份额就得提高客户的满意度。

客户服务的具体内容：

①为客户提供高质量的服务。服务在企业的营销中扮演着越来越重要的角色。优良的服

务能够为企业带来诸多利益，一方面，能够提高用户对企业的忠诚度，实现可能的、长期的重复购买；另一方面，在一段时间和区域内，形成较好的口碑。

②不断收集和研究客户需求信息。对大多数企业来说，以产品为中心的本质是企业卖的就是客户需要的，以客户为中心的本质是客户需要什么，企业就生产什么。因此，企业要实现可持续的稳定成长和发展，必须要不断收集和研究目标客户群的产品和服务需求并积极主动地融入到自身的产品和营销策略中去，只有这样才能在激烈的市场竞争中提高已有客户的满意度，在赢得新客户的同时维持老客户。

③划分客户类型，为不同类型的客户制定针对性的营销策略。客户关系管理所创造的全新的商业模式，将彻底改变客户服务机制的运作。通过划分客户类型，企业可以真正准确地预测客户服务的成本，估算出投资回报。企业可以清楚地知道每一个客户能为企业创造多少利润和他们的最新需要。这使得企业可以根据每一个客户创造盈利的潜力来提供相应水平的服务。

④进一步重视“客户资源”的价值。在传统的企业，“客户资源”往往只局限在客户档案这个层面。随着市场环境的转换、竞争格局的变化，企业对于客户资源的理解变得越来越具体、深入和全面。企业在充分意识到客户资源价值的同时，也越来越重视对“客户资源”的有效管理和利用。企业通常采取以下途径来更好地管理和利用客户资源：成立专业的部门，集中管理企业的“客户档案”和“业务数据”；重视来自网站、E-mail邮件、电话、市场活动等多种渠道的客户需求信息；重视销售的管理，提高交易成功率；把“客户资源”作为企业的一项重要资产来管理，将其与业务部门的绩效考核结合起来。

总体来说，客户关系管理分为以下四个方面：

①如何建立客户关系：对客户的认识、选择、开发（将目标客户和潜在客户开发为现实客户）；

②如何维护客户关系：对客户信息的掌握，对客户的分级，与客户进行互动与沟通，对客户进行满意度分析，并想办法提高客户的忠诚度；

③在客户关系破裂的情况下，应该如何恢复客户关系，如何挽回已流失的客户；

④如何建设、应用 CRM 软件系统，如何应用呼叫中心、数据库。

6.1.2 客户关系管理的流程

客户关系管理，就是通过软件或硬件技术、网络技术有效的管理与客户间的关系，提高客户价值与满意度，达到扩展新的市场和渠道，从而提高整体运营收入的目的。而随着人们对CRM功能的进一步了解，越来越多的企业开始运用CRM系统。以下重点介绍一下客户关系管理的流程。

（1）客户资料管理

即搜集、整合汇总，并深入分析相关客户的资料，分析完毕后将资料存储于CRM中所建立的客户资料库，使得资料存储更加详尽、规范，也便于后续的查阅。而对客户资料的深入分析则侧重于利润、忠诚度、产品、爱好、习惯等。要达到这一步，至少做好以下几点：

①员工能够对企业内部的各项销售活动进行深入了解并跟踪；

②管理者善于积累各项动、静态资料并全面分析市场销售行情；

③员工能够全面了解并记录客户的相关信息，建立良好关系，并做到与其他员工的信息共享。

（2）客户跟踪管理

客户跟踪管理是为了便于企业内部了解与所有客户的往来情况（如跟进方式、时间、对象、结果等），这就要求员工对客户的每一细节进行详细的跟进并记录，也避免了离职人员未办理交接带来收入的损失。另外，要做好客户跟踪管理的工作，至少需要利用CRM系统做到以下几点：

①主动与客户取得联系，建立良好关系；

②利用CRM系统中的跟踪管理功能，安排工作，以及判断客户状态，同时也方便管理者随时查看工作完成情况；

③利用CRM系统跟进、记录潜在客户，设定提醒下一次的跟进时间及目的，到时系统会提醒销售去跟进该客户。

（3）文件管理（合同、订单等）

经过跟踪管理后，客户与企业形成一致意见，并取得产品上的成交后，双方将签订包含编号、购买产品、金额、相关条款等的合同、订单。此时，便涉及文件上的管理，电子档的合同可以附件形式上传至CRM系统中，使得合同的管理更加清晰，实现文件的长期动态管理。

（4）回款及交付管理

完成合同的签订与管理后，就到了回款阶段。作为整个销售流程的最后一个阶段，能否顺利回款，是对管理者的销售工作与资金掌控能力的基准，也是衡量企业管理水平的尺码。而利用CRM，可以在事前、事中、事后做到回款的评估、计划制订、监控、预警、维护等的全方位管理，确保回款的顺利。

6.2 互联网客户关系管理

客户关系管理是随着客户市场环境的变化而变化的，基于IT（Information Technology）环境下的客户管理已经不能满足企业的需要和客户的发展。我国全面进入移动互联网时代后，企业和客户已经全面移动互联网化，传统的客户关系管理已经不能满足企业和客户的需求，客户关系管理的背景和土壤发生了本质的变化，如表6-1所示。

表6-1 客户关系管理对比

	传统客户关系管理	用户体验管理
对象	以客户为中心	以用户中心
工具	以电脑为工具	电脑+手机
内容	以关系管理为核心	以体验管理为核心
需求方式	同质化	个性化、多元化
交易方式	定点交易	跨时空交易
服务方式	现场服务	跨时空服务

因此，用户体验管理是对客户关系管理的升级与发展，它强调体验的重要性，即企业通过移动互联网手段，建立以用户为中心的理念，通过为用户提供服务、紧密的用户联系、高度的用户参与等方面来建立双方良好的合作关系，视用户为永久的伙伴、朋友，与其建立互利互惠的伙伴关系，目的是在获得新用户的同时保留老用户，并在企业与用户形成的长期关系中获得收益。

6.2.1 客户组合分析

6.2.1.1 客户关系管理的核心流程

客户关系管理的核心流程包括客户组合分析、客户信息积累、客户价值设计、客户价值传递、客户周期管理、绩效评估。其中，客户组合分析是客户关系管理活动的基础性工作。

（1）客户组合分析的主要内容

①寻找目标客户，细分客户群：按照一定的标准对潜在的顾客群体进行细分，选择合适的目标客户群体作为服务对象；

②寻找有价值的客户，对客户进行分级：评估目标客户群体的直接和间接价值，选择有价值的客户进行服务；

③寻找合适的关系战略，进行差异化服务：根据客户的终身价值对其细分，了解其对关系类型的偏好，发展合适的关系战略和策略。

（2）客户组合分析的目的

了解客户的构成与价值，寻找合适的目标群体或个体，并有针对性地发展关系战略，制定营销策略，合理配置资源。

6.2.1.2 客户识别

企业在进行客户组合分析时，最关键的一环是进行客户识别。客户识别的流程主要包括以下方面。

（1）确定目标市场

①确认企业所在的行业/市场。

a. 传统行业观念逐渐被打破，行业间竞争激烈成为常态。

b. 确定企业的市场竞争领域（市场边界）。品牌竞争：价格相似、顾客相同的产品或服务之间。行业竞争：同业或同类的产品或服务的公司之间。形势竞争：提供相同服务的公司之间。一般竞争：争取相同顾客的消费项目的公司之间。

c. 市场分类。个人消费者市场：由那些为满足自身及其家庭成员的生活需要而购买商品和服务的人员组成。组织市场：由所有非个人消费者的团体组织构成，包括生产企业、服务企业、商业企业、政府机构、民间团体及各种非营利组织。

②确定细分变量。

a. 深入了解市场的结构和特征，以发现目标客户和新的市场机会；

b. 消费者市场细分标准：地理因素、人口因素、心理因素、行为因素；

c. 产业市场还需要考虑采购方法、经营特点等变量。

③运用细分变量分割市场。一般倾向于多维度的市场细分，至少包括顾客群体、顾客需求和技术/产品类型三个维度。

④评价各个细分市场。可以从细分市场的吸引力、企业能力的匹配程度两个方面入手评价细分市场。

企业在评价细分市场时，可以借助表6-2从吸引力和匹配程度所归纳的维度进行逐个考查评分，把不同市场的评价结果汇总，给后续的市场选择提供价值参考。

表6-2　细分市场评价因子

吸引力评价因子	得分	匹配程度评价因子	得分
市场规模 市场增长率 竞争者实力 消费者对现有产品的满意度 消费者的支付能力 市场的稳定性和可预测性 风险 其他		与公司形象的适应性 与公司目标的匹配程度 与公司资源的匹配程度 分销渠道的可获得性 需要的投资额 成本 获得持续竞争优势的可能性 营销沟通的可传达性	

⑤选择目标细分市场，评估细分市场后，选择一个或多个细分市场作为目标市场。

a. 密集单一市场：只选择一个细分市场，通过高度专业化获得经济效益，但风险较大；

b. 多个细分市场：选择若干个细分市场进行专业化服务以分散风险；

c. 完全覆盖：该策略可满足各种顾客群体的需求。

（2）搜寻潜在客户

选定目标市场后，企业需要通过各种途径主动发掘和搜寻目标市场中的潜在客户。销售人员或客户代表是企业搜寻潜在客户的主力军，搜寻潜在客户不同途径的优缺点对比与成功要素如表6-3所示。

表6-3 搜寻潜在客户不同途径的优缺点对比与成功要素

方式	优点	缺点	成功要素
信件/直接广告	大批量散发，成本较低，方便	响应周期长，反应率低，损失较大	了解受众的特点，注重质量而非数量，层层推进
电话	成本较低，联系可得到客户的反馈，每天可多次联系	没有直观感受，陌生电话意味着打扰，电话容易被推脱	以最现代化的技术作为基础，采取容易理解的谈话方式
拜访	容易感染对方，能够详细介绍和说明情况	成本高，拜访次数有限，耗时长	精心编排会谈过程，会谈内容紧密围绕客户利益展开
非预约拜访	容易给客户带来惊喜，可了解客户的真实情况	容易受到挫折和拒绝	完善的销售装备，不故作自信，不做谦卑的解释
中介结构	共同销售，扩大客户搜寻范围	不稳定，风险较大	对中介进行良好的培训和支持，保持密切联系
博览会	专业化、集中，与会人员的兴趣高，存在对后续工作的信任	展会劳顿，成本较高，信息过多，干扰较大	清晰的会谈方案，将主要注意力放在简短信息上，随之约定会谈日程
网络搜索	成本低廉，覆盖范围广	信息不够详细，有时难辨真假	了解搜索引擎的排名规律，合理搜索关键词，快速跟进和联系
公关活动	容易给公众留下深刻的印象	成本较高，直接效果不明显	选择合适的主题，有针对性地邀请观众

潜在客户的挖掘是一个长期的工作，一般企业在搜寻潜在客户时会将以上途径组合使用，在不同阶段、不同目的下主要的渠道也会不一样，需灵活应用。

（3）客户信息整理

销售人员或客户代表还需要研究和区分客户的类型、角色、购买决策过程，健全客户信息库，方便以后的价值分析与设计活动。客户信息整理需注意以下几点：

①个体客户与组织客户的需求存在显著差别，搜寻的方式也应不同；

②应考虑客户在整个购买决策过程中担任的角色。个体的角色：倡议者、影响者、决策者、购买者和使用者。组织的角色：倡议者、影响者、决策者、批准者、购买者、使用者。

6.2.1.3 客户价值识别

并非所有的客户都是有价值的，企业应根据顾客贡献价值的不同区别对待，科学识别客户的价值是成功运作客户关系管理的前提。

两个核心问题：客户到底能给企业带来哪些价值？如何计算价值？

（1）客户贡献价值的内涵

①客户从多个方面为企业的生存与发展做出的贡献。

②至少在以下四个方面给企业带来价值：保持对公司产品或服务的购买、增加对公司的开支、服务成本的降低、正面的口碑宣传。

（2）从财务的角度划分客户贡献价值

①客户直接贡献价值：因交易而产生的净收益，也称为财务价值、经济价值、直接价值或原生价值。

②客户间接贡献价值：与直接交易无关的价值，也称为非财务价值或非经济价值、间接价值、衍生价值。

③客户贡献价值的传统测算方法。

A．计算客户盈利性的工具和方法。

a．自上而下型：先计算总利润，再将成本和收益分摊到细分客户群或每个客户。计算方法主要有VBC法和ABC法。

b．自下而上型：直接对每一客户的盈利性程度进行测量或排序。计算方法主要有RFM法。

● VBC法（Volume-Based Costing）。即基于产量的成本分摊法，也称产量成本法、成本分摊法。

基本原理：将企业的间接成本或一般管理费用（包括管理费用、销售费用和财务费用等）按照产品生产所消耗的直接成本（包括直接人工成本、直接材料成本等）的比例或产品销售收入的比例进行匹配。

在使用VBC法时，企业通常用到的就是成本会计学。为了方便大家理解，举个例子：细分片甲、细分片乙、细分片丙的最终销售额一样，但他们的直接成本、管理费用和销售费用有所差异，如表6–4所示。

表6–4　细分片甲、细分片乙、细分片丙VBC法价值测算　　单位：元

项目	合计	细分片甲	细分片乙	细分片丙
销售额	300	100	100	100
直接成本	100	20	30	50
管理费用	50	10	15	25
销售费用	60	20	20	20
成本合计	210	50	65	95
利润	90	50	35	5

结论：细分片甲的盈利程度最高，属于高价值客户群；细分片乙盈利程度较高，属于中等价值客户群；细分片丙的盈利程度最低，属于低价值客户群。

VBC法评价：大生产时代以生产为主，企业全部成本的绝大部分是直接生产成本，而管理费用、销售费用处于依附地位且费用较少；客户个性化需求不强烈，企业产品或服务形式单一，标准化、通用性强；便于收集信息、操作简便、运作成本低。缺点：扭曲企业的真实

成本构成、不能准确找出真正的高价值客户和低价值客户。

• ABC法（Activity-Based Costing）。又称作业成本分析法、作业成本计算法、作业成本核算法，基于活动的成本管理，是针对VBC法缺陷的改良。

两大步骤：确定生产一个产品或服务一个客户所包含的活动总量；确定每一个活动所消耗的企业资源数量。二者的乘积即为产品生产或客户服务的总成本。

ABC分析法的过程：定义业务和成本核算对象（通常是产品，有时也可能是顾客、产品市场等）。这一过程很耗时间。如果两种产品满足的是顾客的同一种需求，那么在定义业务时，选择顾客要比选择单个产品更为恰当。确定每种业务的成本动因（即成本的决定因素，如订单的数量），将成本分配给每一个成本核算对象，对各对象的成本和价格进行比较，从而确定其盈利能力的高低。

• RFM法。根据每一个客户的光临间歇（Recency）、光顾频率（Frequency）和消费额（Monetary）三个变量来计算其价值大小的一种方法。

光顾间歇：客户最近一次购买距离现在的时间间隔。

光顾频率：客户在一段时间内光顾的次数。

消费额：客户平均每次购买的金额。

结论：根据定义可以得知：每一个客户按已有的数据和标准，都有一个对应的RFM值，企业可以根据其RFM值对其排序、分组，确定价值高低。还可以从中发现消费行为的动向和趋势，建立市场预警系统。缺点：不能明显反映出客户服务成本的高低；逐日逐期地计算，没能将客户作为一个整体。

B．三种测算方法的比较（表6-5）。

表6-5　三种测算方法的比较

准确性	操作成本	操作难度
ABC>RFM>VBC	ABC>RFM>VBC	ABC>RFM>VBC

6.2.2 构建客户信息库

6.2.2.1 客户信息采集的原则和方法

（1）获取客户信息的重要性

①客户信息是企业决策的基础。任何一个企业总是在特定的客户环境中经营发展的，有什么样的客户环境，就决定应有与之相适应的经营战略和策略。如果企业对客户信息掌握不全、不准，判断就会失误，决策就会偏差，而如果企业无法制定出正确的经营战略和策略，就可能失去好不容易建立起来的客户关系。

②客户信息是客户分级的依据。企业只有收集全面的客户信息，特别是他们与企业的交易信息，才能够知道自己有哪些客户，他们分别有多少价值；才能识别哪些是优质客户，哪

些是劣质客户，哪些是贡献大的客户，哪些是贡献小的客户；才能根据客户带给企业价值的大小和贡献的不同，对客户进行分级管理。

③客户信息是客户沟通的指南。大众营销、大众广告、大众服务都不能实现有针对性地与客户沟通，实际上还扩大了企业与客户之间的距离。随着市场竞争的日益激烈，客户情报越显珍贵，拥有准确、完整的客户信息，既有利于了解客户、接近客户、说服客户，也有利于客户沟通。

④客户信息是客户满意的要求。如果企业能够及时发现客户的订货持续减少的信息，就可以赶在竞争对手之前去拜访该客户，同时采取必要的措施进行补救，从而防止他们流失。如果企业能够及时掌握客户对企业的产品或服务的抱怨信息，就可以立即派出得力人员妥善处理和解决，消除他们的不满。如果企业知道客户的某个纪念日，就可以在这个日子送上适当的礼物、折扣券、贺卡等，这会给客户带来意外惊喜，从而使客户对企业产生依赖感。

（2）客户信息采集的原则

客户信息采集有以下原则，这些原则是保证信息采集质量的基本要求。

①可靠性原则。信息采集可靠性是指采集的信息必须是真实对象或环境所产生的，必须保证信息来源是可靠的，必须保证采集的信息能反映真实的状况，可靠性原则是信息采集的基础。

②完整性原则。信息采集完整性是指采集的信息在内容上必须完整无缺，信息采集必须按照一定的标准要求，采集反映事物全貌的信息，完整性原则是信息利用的基础。

③实时性原则。信息采集的实时性是指能及时获取所需的信息，一般有三层含义：一是指信息自发生到被采集的时间间隔，间隔越短就越及时，最快的是信息采集与信息发生同步；二是指在企业或组织执行某一任务急需某一信息时能够很快采集到该信息；三是指采集某一任务所需的全部信息所花去的时间。实时性原则保证信息采集的时效。

④准确性原则。准确性原则是指采集到的信息与应用目标和工作需求的关联程度比较高，采集到信息的表达是无误的，是属于采集目的范畴之内的，相对于企业或组织自身来说具有适用性，是有价值的。关联程度越高，适应性越强，就越准确。准确性原则保证信息采集的价值。

⑤易用性原则。易用性原则是指采集到的信息按照一定的表示形式，便于使用。

⑥计划性原则。采集的信息既要满足当前需要，又要照顾未来的发展；既要广辟信息来源，又要持之以恒，日积月累；不是随意的，而是根据单位的任务、经费等情况制订比较周密详细的采集计划和制定规章制度。

⑦预见性原则。信息采集人员要掌握社会、经济和科学技术的发展动态，采集的信息既要着眼于现实需求，又要有一定的超前性，要善于抓苗头、抓动向，随时了解未来，采集那些对将来发展有指导作用的预测性信息。

（3）客户信息采集的方法

①直接渠道。在调查中获得客户信息；在营销活动中获取客户信息；在服务过程中获取客户信息；在终端收集客户信息；通过博览会、展销会、洽谈会等获取客户信息；网站和呼

叫中心是收集客户信息的新渠道；从客户投诉中收集客户信息。

②间接渠道。指各种媒介：企业从公开的信息中或者通过购买获得客户信息；工商行政管理部门及驻外机构；国内外金融机构及其分支机构；国内外咨询公司级市场研究公司；从已建立客户数据库的公司租用或购买；其他渠道。例如，从战略合作伙伴或者老客户，以及行业协会、商会等也可以获取相关的客户信息，另外，还可以与同行业的不具竞争威胁的企业交换客户信息。

6.2.2.2 建立客户档案

（1）客户档案的基本内容

①个人资料。

a. 基本信息：姓名、户籍、籍贯、血型、身高、体重、出生日期、性格特征，身份证号码、家庭住址、电话、传真、手机、电子邮箱，所在单位的名称、职务，单位地址、电话、传真等。

b. 教育情况：高中、大学、研究生的起止时间，最高学历、所修专业、主要课程，在校期间所获奖励、参加的社团、最喜欢的运动项目等。

c. 事业情况：以往就业情况、单位名称、地点、职务、年收入，在目前单位的职务、年收入、对目前单位的态度，对事业的态度、长期事业目标是什么、中期事业目标是什么、最得意的个人成就是什么等。

d. 家庭情况：已婚或未婚、结婚纪念日、如何庆祝结婚纪念日，配偶姓名、生日及血型、教育情况、兴趣专长及嗜好，有无子女，子女的姓名、年龄、生日、教育情况，对婚姻的看法、对子女教育的看法等。

e. 生活情况：过去的医疗病史、目前的健康状况，是否喝酒（种类、数量）、对喝酒的看法，是否吸烟（种类、数量）、对吸烟的看法，喜欢在何处用餐、喜欢吃什么菜，对生活的态度、有无座右铭，休闲习惯是什么、度假习惯是什么，喜欢哪种运动、喜欢聊的话题是什么，最喜欢哪类媒体，个人生活的中期目标是什么、长期目标是什么。

f. 个性情况：曾参加过什么俱乐部或社团、目前所在的俱乐部或社团，是否热衷政治活动、宗教信仰或态度，喜欢看哪些类型的书，忌讳哪些事、重视哪些事，是否固执、是否重视别人的意见，待人处事的风格，自己认为自己的个性如何、家人认为他的个性如何、朋友认为他的个性如何、同事认为他的个性如何等。

g. 人际情况：亲戚情况、与亲戚相处的情况、最要好的亲戚，朋友情况、与朋友相处的情况、最要好的朋友，邻居情况、与邻居相处的情况、最要好的邻居，对人际关系的看法。

②组织资料。

a. 基本信息：企业的名称、地址、电话、创立时间、组织方式、资产等。

b. 客户特征：规模、服务区域、经营观念、经营方向、经营特点、企业形象、声誉等。

c. 业务状况：销售能力、销售业绩、发展潜力与优势、存在的问题及未来的对策等。

d. 负责人信息：所有者、经营管理者、法人代表，及其姓名、年龄、学历、个性、兴趣、爱好、家庭、能力、素质等。

③交易记录。开始取得联系或对企业信息反应的时间和方式（如第一次打电话询问产品情况）、会谈记录、信函（如抱怨信）、购买和再购买时间、地点、条件、价格、付款和送货方式等。

④客户背景资料。主要是通过客户调查分析或向信息咨询业购买的第二手资料。包括客户对企业的态度和评价、履行合同情况与存在问题、摩擦、信用情况、与其他竞争者的交易情况、需求特征和潜力等。

⑤企业活动记录。企业与客户进行联系的时间、地点、方式（如访问、打电话）和费用开支、给予哪些优惠（价格、购物券等）、提供产品和服务的记录、合作与支持行动（如共同开发研制为客户产品配套的零配件、联合广告等）、为争取和保持每个客户所做的其他努力和费用。

（2）客户档案的基本形式

客户档案的基本形式：①客户名册；②客户资料卡。

客户资料卡的填写和管理注意事项：要在访问客户后立即填写此卡；卡上的各项内容要填写完整；要充分利用客户资料并保持其准确性；主管应指导业务员尽善尽美地填写客户资料卡；最好在办公室设立专用档案柜放置客户资料卡并委派专人保管；主管或业务员每次访问客户前，应先查看该客户的资料卡，分析客户资料卡中的资料，并作为拟订销售计划的参考。

（3）CRM客户数据库

①客户数据库的定义。客户数据库是运用数据库技术，全面收集关于现有客户、潜在客户或目标客户的综合数据资料，追踪和掌握现有客户、潜在客户和目标客户的情况、需求和偏好，并进行深入的统计、分析和数据挖掘，从而使企业的营销工作更有针对性。

②客户数据的类型。企业在收集客户数据时，主要收集客户描述性数据、客户促销性数据和客户交易性数据（见表6–6、表6–7、表6–8）。

表6–6　客户描述性数据

分类信息	详细信息
基本情况	姓名、地址、性别、出生年月、电话、工作类型、收入水平、婚姻状况、家庭成员情况
信用情况	信用卡号和信贷限额、忠诚度指数（与公司交易占总花费的比例）、潜在消费指数、客户类型（现有客户、潜在客户、流失客户）
行为爱好	生活方式、特殊爱好、对企业产品和服务的偏好、对问卷和促销活动的反应、其他产品偏好、使用新产品的倾向

表6-7 市场促销性数据

分类信息	详细信息
促销活动的类型	降价销售、电话促销、业务推广活动、纸媒广告、广播型广告和Web广告
对促销活动的描述	依据厂家促销活动组织形式，如寄明信片的颜色、业务推广人员的性别、礼品发放形式等，就促销活动计划的执行进行详细描述
促销媒体	电视、报纸、广播、网络等
促销时间	促销活动计划的具体时间点及相关时间调整说明
市场促销活动的意图	对该活动的目标客户简单说明促销的目的，如扩大销售、扩大影响、扩大提货量等
成本信息	包括促销活动的固定成本和变动成本

表6-8 客户交易性数据

分类信息	详细信息
购买商品类数据	过去购买记录、购买频率和购买数量、购买金额及金额累计价格、交货要求、规格、商品购买过程及付款方式
商品售后类数据	售后服务内容、使用后对产品的评价、对服务的评价、曾有过的问题和不满、要求退货记录

6.2.2.3 管理客户档案

（1）客户档案管理原则

实践证明，建立企业客户档案应遵循集中、动态和分类管理的原则，进行科学管理。长期以来，客户档案在我国企业管理实践中没有得到应有的重视，客户资料分散化，数据信息更新缓慢、滞后，缺乏恰当的客户分类等问题十分突出。这些不利因素限制了客户档案在企业应收账款管理和坏账风险控制方面发挥应有的作用，使企业大量本可避免的坏账损失成为现实。客户档案的管理原则有：

①集中管理。企业客户资料分散化通常有两种情况，一是分散在业务人员手中，二是分散在企业各个部门。如果是第一种情况，就可能导致客户是业务人员的客户而不是企业的客户，因为企业的管理层并不熟悉每一个客户，所以当业务人员离开企业后，客户及业务也随之离去，给公司造成重大的经济损失。如果是客户资料分散在各个部门的情况，虽然可以杜

绝个人掌握企业客户资源的问题，但也会引出部门之间、部门与整个企业之间平衡利益关系的问题。

②动态管理。所谓动态管理，是指对于客户档案信息要不断进行更新。这是因为客户本身的情况是在不断变化的。就客户的资信报告来讲，它是一份即期的客户档案，有效期一般在三个月到一年。超出这个时间，就要对客户进行新的调查。

③分类管理。对客户档案进行恰当的分类，主要是基于客户对企业的重要性和客户档案管理费用进行考虑。企业客户规模的大小不一，对企业销售额的贡献程度也相应不同，理应区别对待；进行客户档案管理也要考虑到成本效益原则，尽量使有限的资源发挥最大的经济效用。考虑客户对企业的重要性因素，信用管理部门可以将客户分成普通客户的核心客户。划分的标准是企业与客户的年平均交易额，同时要考虑与客户交往的时间长短。

（2）客户档案管理分类要求

客户档案管理分类标准的逻辑性，作为一种基本的认识方法和管理方法，客户档案管理的分类必须具有逻辑性（符合基本的逻辑规则）。否则，具体分类行为就会因操作上的困难而无法正常进行，使档案管理出现混乱。这种逻辑性又具体表现为：所分类别应包括所有的客户管理对象，既不能有剩余的类别，也不能有多余的类别；客户档案管理分类的标准应具有一致性，每一层的划分只能使用一种分类标准，不同层次不同类别之间所用的分类标准可以互相不一致；客户之间应含义明确、所指确定，在现实业务中有明确的对象，而且各类之间的界线应十分清晰，避免交叉。

①客户档案管理分类标准的管理。采用何种方法进行分类，还必须考虑客户档案管理收集、查询和利用的实际需要，不能照搬某种模式。例如，对于生产几种主要产品的企业，可以先按产品线进行分类，而对产品单一或产品线相关性很强的企业，就不适于这种方法，而需要选择客户性质、忠诚情况的客户档案管理分类等。

②客户档案管理分类标准的实际性。分类是企业认识和管理客户的基本方法。因此应从客户的实际情况出发，决定是否需要档案管理分类、怎样进行客户档案管理分类、分多少类及分类的层次等。一般而言，如果企业的客户数量少、特征比较相似，档案管理就可以少分类甚至不分类，只按某种顺序排列或编号即可。而在客户数量大、种类繁多和行为特征有明显差异的情况下，就应进行多层客户档案管理分类。

③客户档案管理分类标准的客观性。客户档案管理可以选择的分类标准很多，不同方法产生的分类结果也不同。为了使档案尽可能地反映客户的实际情况和基本特征，应当使具体的分类标准具有客观性。现在不少企业提出为工薪阶层服务，但实际上工薪阶层的差距也很大，所以这种对分类难以反映客观情况，所谓“为工薪阶层服务”也就成了一句空话。

（3）客户档案管理分类方法

根据上述客户档案管理分类要求，企业可以根据实际情况和客户管理的需要，分别选择客户性质、产品类别、交易历史、需求特征、盈利情况等多种客户档案管理分类方法。

①按客户性质进行客户档案管理分类。这是一种最为常用的分类方法，客户档案管理分

类的层次和标准也比较多。首先可以将客户分为个人消费者、中间商客户、制造商客户、政府和社会团体客户。其中每类客户又可以进一步分类，例如，零售商客户又可分为专营店、超级市场、连锁店、邮购商店等。具体细分几层取决于进行客户档案管理分类后，所划分出客户类别在需求特征、购买行为等方面的差异大小，差异明显时就要进一步分类，以识别不同客户，便于档案的管理、使用和分析。在按照客户性质分类中，还可采用其他标准系列，如按企业的所有权划分，有国营企业、个体企业、三资企业等。

②按产品类别进行客户档案管理分类。按产品类别进行客户档案管理分类是指按照企业的主要产品类别进行分类。在日益激烈的市场竞争中，很多大型企业采取多元化经营的战略，为了避免风险和牟取高额利润向截然不同的产品类别发展，从生产工业用品到儿童玩具，从卡车到小轿车等。这种方法适用于产品类别关联程度低，在生产、销售、服务等方面差异大的企业。客户的性质和需求特征也有因产品类别不同而存在明显差异的情况。

③按交易历史进行客户档案管理分类。主要是根据交易过程和关系稳定程度分类，包括：关系稳定的长期客户，又称为老客户，与企业关系良好，定期重复购买企业的产品；新客户，开始购买和使用本企业产品的时间不长，是否能赢得他们的重复购买还是未知数；问题客户，双方关系不太融洽，交易中发生摩擦或对方提出修正再购买的条件苛刻，潜伏着转向其他供应商的危险；过去的客户，曾经有过交易业务的客户，但已经停止购买；潜在客户，正在开发中的客户，还没有正式开展业务。显然，第一类客户的档案管理资料比较完整；第二类客户的档案则刚刚建立，有待完善。而第五类客户则是资料分析的重点，以尽量争取他们成为现实客户。

此外，常用的客户档案管理分类标准按客户购买规模分为大型客户、中型客户和零散客户；按对企业利润的影响分为高盈利户、合理盈利户、微盈利户及亏损户等。因为各种方法适用的条件是不同的，所以每个企业都应根据客户服务的需要及客户的特征进行选择。有时需要几种客户档案管理分类方法结合使用，如第一层按客户性质划分，第二层再按交易历史划分。以实现分类的客观性、逻辑性，并适应实际情况和客户服务的需要。

（4）客户档案的分析和利用

客户档案分析的内容取决于客户服务决策的需要，由于在不同企业、不同的时期这种需要是不同的，所以进行客户档案分析利用的内容也是不同的。

①客户档案的分析。一般来说，常用的客户档案分析的内容有客户经济状况分析、企业的利润构成分析、销售构成分析和对客户构成分析、客户消费行为分析等方面。

A．客户经济状况分析。利用客户档案记录内容详细、动态地反映客户行为及状况的特点，还要进行客户经济状况情况分析，用于确定针对不同客户的付款条件、信用限度和价格优惠等。信用分析也是客户档案分析的重要内容之一，利用档案中的客户经济情况资料、付款方式、付款记录等，可以对客户的信用进行定期的评判和分类。对于信用分析中信用等级高的客户，应作为业务发展的重点，并给予一定鼓励或优惠，如优先供货、特殊服务、优惠价格和信用条件等。这对于加速企业资金周转和利用，防止出现呆账、坏账十分有效。

B．企业的利润构成分析。客户资产回报率是分析企业从客户获利多少的有效方法之一。该方法是从每个客户的毛利中减去直接客户成本，包括销售费用、服务费用和送货费用等，而不考虑企业的研究开发、设备投资等费用，求出客户资产回报率，而不是通常计算的销售利润率。

C．销售构成分析。即统计分析各类客户中每个客户在企业总销售额中所占的比重，及其这一比重随时间推移的变动情况。以此表明企业产品和服务的主要销售对象，划分不同规模的客户。这对于明确促销重点、掌握渠道变动情况是十分重要的。

D．客户构成分析。利用客户档案分析客户构成，是一种较为普遍、简单的档案分析方法，其中又主要包括销售构成分析和地区构成分析。进行客户构成分析能使企业销售部门及时了解每个客户在企业总销售额中所占比例，以及客户的分布情况，并从中发现客户服务中的问题，针对不同客户情况采取对策。分析企业客户总量中各地区的客户分散程度、分布地区和各地区市场对企业的重要程度，是设计、调分销和服务网络的重要依据。

值得指出的是，这种构成分析应当是一种时间序列分析，至少要利用5年以上的资料，才能反映出客户构成的变动趋势。

E．客户消费行为分析。利用客户档案记录内容详细、动态地反映客户行为及状况的特点，从而有根据、有针对性地开发新产品，或者向客户推荐相应的服务，或者调整价格。

②客户档案的利用。客户档案的建立和分析，最主要的目的还是为了可以加以利用，在生产、销售、服务等环节调整策略，更好地匹配客户的需求，获得长期稳定的忠诚客户。

A．帮助企业深入分析客户，并指导客户关系的努力方向。通过分析客户最近一次消费时间、消费频率、消费金额三个要素指标，可以帮助企业识别最有价值的客户、忠诚客户和即将流失的客户。如果客户最近一次消费时间离现在很远，说明客户长期没有光顾，就要调查客户是否已经流失：一般来说，最频繁购买的客户，可能是满意度最高、忠诚度最高的客户，也可能是最有价值的客户；通过比较客户在一定期限内购买本企业的产品或服务的数量，可以知道客户购买态度的变化。

B．运用客户档案资料可以对客户开展一对一的营销。例如：美国通用电气公司通过建立详尽的客户数据库，可以清楚地知道哪些客户何时应该更换电器，并时常赠送一些礼品以吸引他们继续购买公司的产品。

C．运用客户档案资料可以实现客户服务及管理的自动化。例如：通过对客户历史交易行为的监控、分析，当某一客户购买价值累计达到一定金额后，可以提示企业向该客户提供优惠或个性化服务

D．运用客户档案资料帮助企业进行客户预警管理。当客户的交易状况发生改变，超出企业设定的范围，如销售费用攀升、客户不再进货、客户欠款超过授信额度等情况就会发出警告，企业可以及时应对。

6.2.3 设计客户价值

6.2.3.1 客户价值的内涵

①现代营销学中的客户价值是基于市场竞争激烈，买方市场取得优势，企业营销活动的

重点由产品转向顾客，传统营销学转变为现代营销学。现代营销学涵盖客户需要、客户动机、行为、购买决策及过程、客户满意、客户价值等多个方面。

②客户价值分为两个方面：企业能够给客户带来什么价值（客户感知价值）、客户能够给企业带来多少价值（客户价值）。两者要寻求一个最佳平衡。

③客户价值的主体是顾客而非企业自身。

④客户价值的效用性：满足需要，正负价值。

⑤客户价值的客观性。主要包括：客户价值的个体性，按顾客的需要来定制化提供价值；客户价值的多样性，需要的复制性，物质产品的丰富性；客户价值的时效性、及时性、持续性。

⑥客户的基本需要，客户价值来源于提供物给予客户需要的某种满足，必须认真分析研究客户的需要。

6.2.3.2 客户价值创造的源泉

（1）客户需要的两个基本属性

顾客需要不仅具有生理性，更具有心理性和社会性。它有时是顾客内在的匮乏所引起的，有时是外在的刺激所导致的，但大多时候是二者的共同作用，而且顾客对环境和刺激物的学习影响着顾客的需要。

顾客需要不仅具有复杂性，更具有可变性。不同的顾客，由于民族、信仰、生活方式、经济条件、生活环境、兴趣爱好以及个人情感、意志、控制力等方面的差异，需要的内容和表现形式都会出现较大的差别，而且在不同的时期、不同的环境和条件下，同一顾客的需要也会出现伸缩、波动和变化。

（2）顾客消费心理的分类

顾客的消费都是基于需求和动机，企业可以把顾客消费的心理按照动机类型大致分成理智动机和感情动机，而本书重点要讨论的是顾客需求的新发展。

①理智动机：适用、经济、可靠、安全、美感、方便。这是对所购对象经过认真考虑，在理智的约束和控制下而产生的购买动机。它是基于对所购商品的了解、认识，经过一定比较、选择产生的。理智动机的形成有一个比较复杂的从感情到理性的心理活动过程，一般要经过喜好→激情→评价→选择这样几个阶段，从喜好到激情是属于感性认识阶段，从评价到选择是属于理性认识的阶段。同时，在理智动机驱使下的购买比较注重商品的质量，讲求实用、可靠、价格便宜、使用方便、设计科学合理，以及效率等。例如，某制造小型汽车的工厂强调自己的产品主要符合经济原则、电热水器调造商保证长期提供免费维修服务。再如，某贸易商强调所代销的打字机经久耐用，均出于顾客购买的理智动机考虑。

②感情动机：好奇心理、异化心理、炫耀心理、攀比心理、从众心理、尊重心理。这是由于人的情绪（喜、怒、哀、乐等）和情感（道德、情操、群体、观念等）引起的购买动机。由于感情动机的引发原因不同，所以，感情动机又可分为情绪动机和情感动机两种。情绪动

机，是由外界环境因素的突然刺激而产生的好奇、兴奋、模仿等感情反应而激发起的购买动机。影响产生情绪动荡的外部因素有很多，如广告、展销、表演、降价等。情感动机所引发的购买欲望，多注重商品的外在质量，讲究包装精美、样式新颖、色彩艳丽，对商品价格不求便宜，而求适中或偏高。

③顾客需求的新发展。

A．方案需要。通过调查、研究和分析发现消费者的多种相关需求，企业从顾客的眼光、思想、利益来分析顾客的要求并向顾客提供有形产品、服务和信息的一种组合方案，是企业提供给顾客的用以解决问题，创造更高价值的一项工具；是站在顾客的角度看问题，帮助客户解决问题，以丰富顾客价值为核心开展营销活动、以系统的解决方案来赢得消费者。不只是以产品来满足顾客需求，也不是一般意义上的“产品全方位的服务”，而是在顾客的参与下根据顾客的需要设计符合顾客特殊要求的超越产品功能利益的个性化服务整合体。

B．体验需要。体验营销是指企业通过采用让目标顾客观摩、聆听、尝试、试用等方式，使其亲身体验企业提供的产品或服务，体验营销让顾客实际感知产品或服务的品质或性能，从而促使顾客认知、喜好并购买的一种营销方式。这种方式以满足消费者的体验需求为目标，以服务产品为平台，以有形产品为载体，生产、经营高质量产品，拉近企业和消费者之间的距离。

C．虚拟需要。虚拟营销是一种克服资源缺乏的劣势的现代营销模式，其精髓是将有限的资源集中在附加值高的功能上，而将附加值低的功能虚拟化。比如：高档运动鞋行业的战略环节是真正创造大量价值的产品开发设计和营销组织管理，而不是相对简单的制造环节。某鞋业针对这一状况，集中主要的财力、物力、人力投入到创造和积蓄完成核心业务所必需的产品设计和营销管理方面，而将加工制造环节的这一非核心业务虚拟化，以合同承包加工返销的方式转向一些低工资国家。

D．绿色需要。绿色消费是指消费者对绿色产品的需求、购买和消费活动，是一种具有生态意识的、高层次的理性消费行为。绿色消费是从满足生态需要出发，以有益健康和保护生态环境为基本内涵，符合人的健康和环境保护标准的各种消费行为和消费方式的统称。绿色营销观念认为，企业在营销活动中，要顺应时代可持续发展战略的要求，注重地球生态环境保护，促进经济与生态环境协调发展，以实现企业利益、消费者利益、社会利益及生态环境利益的协调统一。

6.2.3.3 客户价值创造的途径

（1）价值设计的战略选择

①市场竞争导向。指企业在设计顾客价值时，主要以市场上某一个或某些竞争对手的价值方案为参照对象，在照搬、模仿或修改的基础上，发展出提供给顾客的价值方案和价值组合。

这里有三个问题：竞争者在哪里？哪些竞争者值得学习和参照？竞争者的哪些做法值得学习和模仿以及如何有效地模仿和学习？

②客户需求导向。企业为顾客提供的价值组合及方案紧跟顾客的需求变化。表现为两种

方向：以顾客为中心、以竞争者为中心。如今大部分企业更多的选择是二者的综合：既注意客户也注意竞争者，追求的是一种市场导向，根据市场环境的变化而调整。

（2）价值设计的原则

根据客户终身价值的大小合理分配企业资源；根据客户生命周期的变化合理调整价值组合；互动、双向，充分发挥员工和客户的积极性与聪明才智；创造价值并不总意味着增加些什么。

（3）价值组合工具

价值可以从多个角度创造出来。通过改进核心产品或服务，或者调整价格可以实现价值创造。创造价值的关键因素包括质量、性能、品牌、包装、商标、产品安全性、客户服务及担保等。

（4）客户价值设计的基本框架（图6-2）

①核心产品。

企业为客户提供基本的工具和保障，或是企业为了在竞争性的市场上站住脚，所必须提

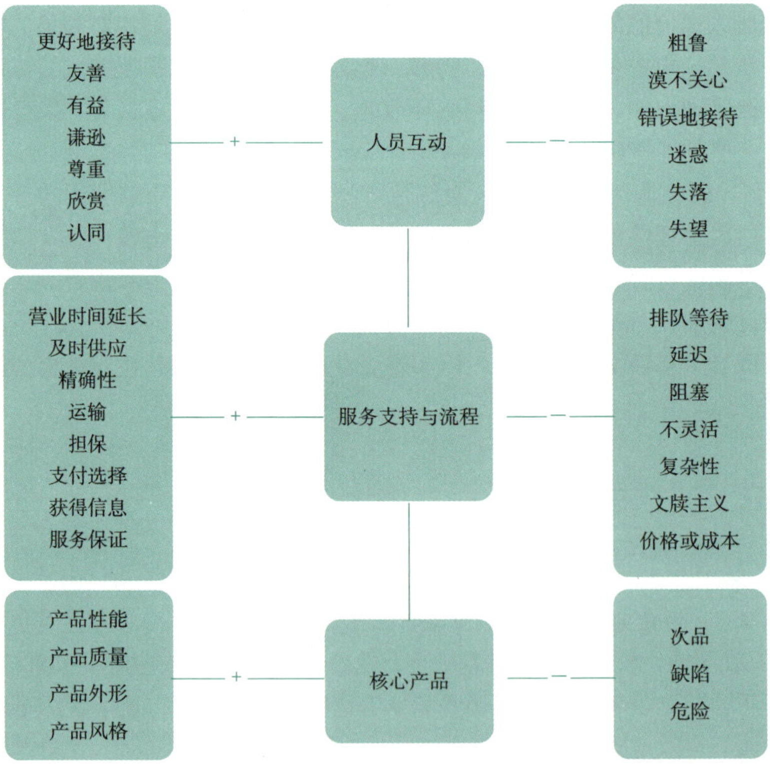

图6-2　客户价值设计基本框架

供给客户的一些利益的集合。产品的核心利益是产品给顾客带来的最基本的服务和利益，它与期望利益、附加利益和潜在利益一起构成产品利益的全部内涵。

在核心产品领域为客户创造价值的途径：产品革新，在产品性能、质量、外观和风格等方面的创新；产品组合，一系列产品和服务的组合方案；将核心产品和服务分解为不同元素，根据客户的需要进行不同类型的组合，并制定不同的价格。

②支持性服务。

核心利益并不能让顾客感到有区别和有吸引力的价值，应注重附加价值和潜在利益的创造，包括支持性服务。支持性服务包括：运输、储存、支付、定价、信息、投诉、担保、维修等。支持性服务必须与核心产品整合起来，协调一致地为客户提供价值组合。支持性服务的提供需要遵循的基本原则：承诺必须信守和履行。

③人员互动。

A．企业员工与客户的互动。许多客户决定是否与企业继续交往的主要依据就是企业员工是如何接待他们的。应与员工的激励机制设计有机结合，为客户创造价值的关键在于能够为员工创造价值，只有员工满意了，客户才能满意。

B．网络环境下可以通过设立各种区域来实现互动。

a．交流区——企业与顾客之间的交流；

b．交谈区——顾客间的交流；

c．虚拟区——顾客自我交流；

d．反馈区——交互重复交流；

e．链接区——竞争交流。

6.2.4 传递客户价值

传递客户价值的能力，是指在客户购买产品和服务的过程中，使客户价值和企业价值最大化的能力。无论是吸引客户的营销能力，还是生产和提供客户所需要的产品的能力，以及协同网络伙伴快速传递产品和服务的能力都属于创造和传递客户价值的能力的一部分。

6.2.4.1 传递客户价值能力的价值和意义

①创建与客户的互动关系。优化产品研发，使客户价值最大化，首先要明确目标市场客户的真正需求，与客户建立广泛信息交流是企业创造理想的客户价值的基础。应当改变传统企业与客户的交易关系，在产品研发阶段就让顾客参与并融入企业价值创造活动。

②优化产品设计作业，降低产品的生产成本与客户成本。产品研发设计业务流程的组织应包括企业价值链的全程人员，让他们关注同一个目标。将符合目标功能、目标品质和目标价格的产品投放市场，以目标利润控制产品设计的目标成本，建立合理的成本结构，并以此为依据决定产品的零部件是否自制、外包等，以达到为顾客创造价值、提高企业竞争力的目的。

③应用作业成本管理。优化企业作业流程的作业成本计算法从确认作业开始，建立作业中心库，归集作业中心库各作业消耗的资源费用，按成本动因关系将作业消耗的资源分配到

产品或服务的一种成本计算方法。需将批量水平、产品水平、顾客水平的作业成本分配到产品与顾客中，从总体上掌握各种作业消耗资源以及作业效率分布状况，进而合并或精简作业，删除无效的作业，使企业减少中间环节，降低成本费用。同时根据每种产品或服务实际占用的资源来进行正确的市场决策，并及时制定改进方案和实施变革行动，最终达到降低成本、改善产品与服务的品质、提高顾客满意度的目的。

6.2.4.2 传递客户价值

（1）价值让渡系统

客户价值让渡系统是指将企业价值链向外延伸，形成一个由供应商、分销商和最终客户组成的价值链。企业仅靠自己的价值链，还无法将为客户生产和创造的价值传送出去，企业需要从供应商那里得到需要的价值，将产品交给分销商，并自己或依靠代理服务商提供客户需要的服务，将这些不同机构的价值链组合起来，最终将为客户创造的价值传送到客户那里，这就是客户价值让渡系统。

（2）价值网

价值网实际上是企业价值链向企业外部各个方向的主动延伸。这种主动延伸的动力归根结底来源于企业的利益和发展目标。企业价值网中链接的对象主要包括客户、各类供应商、各类分销商和一些重要的影响组织或中介（如金融机构），有时也包括竞争者。传统的供应链是一种“推式”战略，首先制造产品，然后由分销渠道将产品推向市场，希望会有人来购买这些产品。与此相反，价值网是由顾客开始，允许顾客自行设计产品或价值组合，然后为满足顾客实际需要而组织生产。

价值网的特性：战略性、以客户为中心、合作与系统化、敏捷、高效。

（3）客户接触界面的构建

①直接人员接触：工作现场接触、外出接触。

②间接人员接触：电话接触。

③非人员接触：邮件、信用卡、自动取款机和自动售货机等。

不同接触方式之间的比较见表6–9。

表6–9　不同接触方式的比较

比较项目	工作现场接触	外出接触	间接人员接触	非人员接触
可控性	4	2	3	1
成本	4	3	2	1
获取有效信息	3	4	2	1
价值感知	体验、安全	方便、尊重	便利、快速	简洁、时尚、新颖

备注：比较是按照从大到小、从高到低、从多到少的顺序排列的，4表示最大、最高、最多。

（4）客户接触界面构建的步骤（图6-3）。

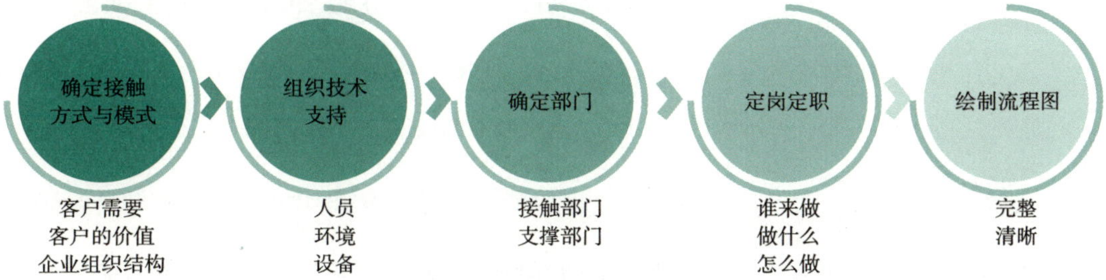

图6-3　客户接触界面构建的步骤

6.2.5 评估客户满意度

6.2.5.1 质量观与顾客满意

20世纪40年代：符合性质量观。

20世纪60年代：适用性质量观。

20世纪80年代：满意性质量观。

20世纪90年代：卓越质量理念。

现代企业客户关系的四个层次包括：客户忠诚、客户满意、客户接触、客户认知。

（1）客户满意的概念

客户满意是一种心理活动，是客户通过对一个提供物（或价值组合与方案）的可感知的效果（或结果）与他的期望值相比较后所形成的感觉状态。

（2）客户满意的三种表现（表6-10）

表6-10　客户满意的三种表现

对于表现的期望	价值传递过程	结果的状态
超出可接受	超出必要的表现	兴奋
可接受	必要的表现	满意
不可接受	低于必要的表现	不满意

（3）客户满意的三个构成要素（图6-4）

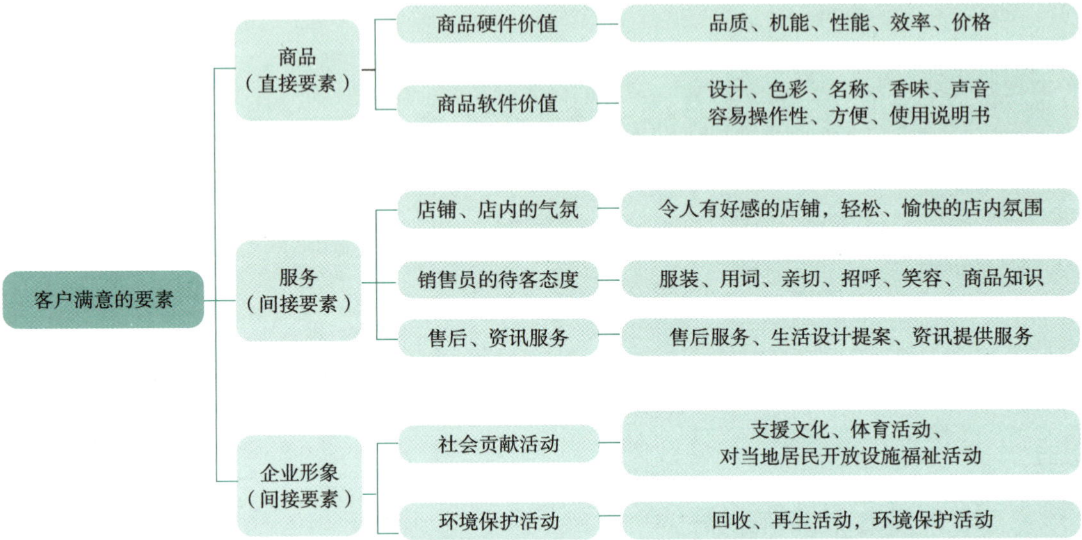

图6-4　客户满意的三个构成要素

6.2.5.2 客户满意的评价体系和方法

（1）客户满意评价的维度

①核心产品或服务。

②流程和系统支持。

③技术表现。

④与组织的互动。

⑤情感要素。

（2）建立顾客满意度指标（CSI）体系的执行流程（图6-5）

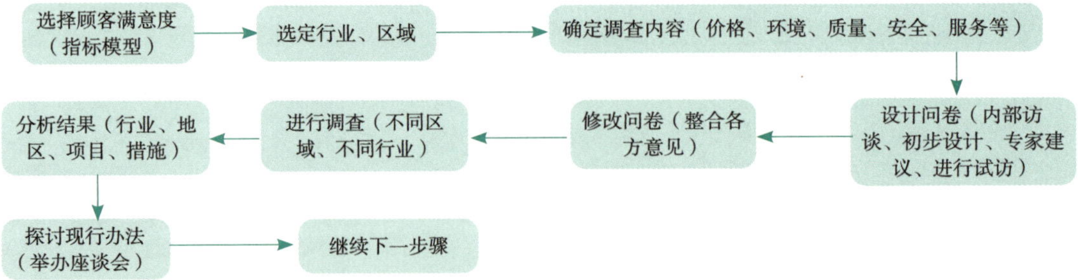

图6-5　CSI体系执行流程

（3）客户满意度的调查测定系统（图6-6）

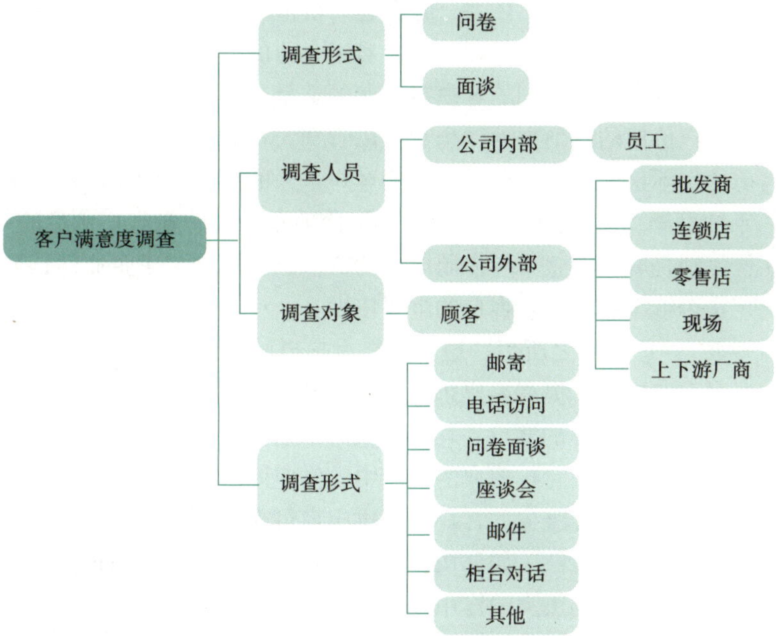

图6-6　客户满意度的调查测定系统

（4）如何提高客户满意度

①树立“全生命周期”客户观。营销大师菲利普·科特勒在其营销新书《如何创造、赢取并主宰市场》中，将营销定义为“发展、维系并培养具获利性顾客的科学与艺术”，并强调需分析“客户获得成本”与“客户终身收益”，指出营销符合“20/80/30定律”，即最能让公司获利的20%的客户，贡献了公司总利润的80%，而最差的30%的客户会使公司的潜在利润减半。如何区分客户的价值，就成为企业必须解决的问题。企业需要以全生命周期的观念来看待客户、评价客户和维系、管理客户，同时通过对客户价值理论的理解加以实践。客户忠诚于企业必然会处于一种状态上，因此通过在线CRM可以帮助企业清楚地认识到客户目前所处的状态。

一般来说，客户忠诚度可以划分为五个阶段：猜疑、期望、第一次购买客户、重复购买客户、品牌宣传客户。

如果企业的客户关系建立与维护流程不能确保提升客户的忠诚度，应该要重新考虑一下：在CRM软件的支持下，客户处于生命周期的哪个阶段，哪个阶段的客户有多少；哪些客户价值高、潜力大，需要重点维护，哪些客户快要流失，需要尽快维护；企业不同部门人员都做了哪些工作，客户反应如何等。树立“全生命周期”客户观，对如何提高客户满意度是非常关键的一步。例如，在某公司CRM系统中由商机变为成交客户，中间的过程都能做到详细记录，这样就有利于销售人员尽快进行客户关怀，找出原因、采取措施、挽留客户。

CRM系统为实现“以客户为中心”提供了充分且方便获得的信息支持；同时还提供营销管理和工作支持，使理念、流程和信息紧密结合，以帮助企业构建新型的营销方式。

②建立健全客户价值评估体系。要真正实现“以客户为中心”的客户关系管理，就必须建立一套比较全面的客户价值评估体系，并在客户价值评估的基础上进行客户细分，这对任何企业来讲都具有重要的指导意义。评估客户对于企业的价值有几个要素：客户为企业带来了多少利润；客户类别，不同类别的客户对利润的贡献往往不同；客户利润贡献度；客户终身价值等。通过客户价值的评估要素，企业可以看到，在评估客户为于企业的价值时，不仅要考察客户当前的实际价值表现，而且要预测客户未来的潜在价值。由此，企业可以建立客户价值的评估系统框架，客户的当前价值、实际价值是企业感知客户价值的一个重要方面；而客户的潜在价值则是客户在整个生命周期内的价值，它直接关乎企业的长远利润、科学发展，是企业决定是否继续投资于该客户的重要依据。

③“知己知彼”，想客户之所想。想要获得客户忠诚度，首先要在头脑里思考客户真正看重的是什么？对企业来说，提高客户忠诚度的关键因素是什么？企业需要怎么做才能获得这些因素？在美国，中小企业的客户平均再消费率只有50%，其中主要原因就是不知道影响客户忠诚度的关键因素是什么。在客户的观念中，供应商的服务承诺和内部的问责机制可以保证为他们提供一系列的标准服务。客户希望供应商可靠，善解人意，有求必应。同时，中小企业的一些可以看得见的特征（如公司设施、设备，客服人员的精神面貌、服饰服装）可以在获得客户满意度方面起到很大的作用。

第 7 章

相关法律与行政法规

7.1 相关法律精选

7.1.1《中华人民共和国网络安全法》精选

第十条　建设、运营网络或者通过网络提供服务，应当依照法律、行政法规的规定和国家标准的强制性要求，采取技术措施和其他必要措施，保障网络安全、稳定运行，有效应对网络安全事件，防范网络违法犯罪活动，维护网络数据的完整性、保密性和可用性。

第十一条　网络相关行业组织按照章程，加强行业自律，制定网络安全行为规范，指导会员加强网络安全保护，提高网络安全保护水平，促进行业健康发展。

第十二条　国家保护公民、法人和其他组织依法使用网络的权利，促进网络接入普及，提升网络服务水平，为社会提供安全、便利的网络服务，保障网络信息依法有序自由流动。

任何个人和组织使用网络应当遵守宪法法律，遵守公共秩序，尊重社会公德，不得危害网络安全，不得利用网络从事危害国家安全、荣誉和利益，煽动颠覆国家政权、推翻社会主义制度，煽动分裂国家、破坏国家统一，宣扬恐怖主义、极端主义，宣扬民族仇恨、民族歧视，传播暴力、淫秽色情信息，编造、传播虚假信息扰乱经济秩序和社会秩序，以及侵害他人名誉、隐私、知识产权和其他合法权益等活动。

第十四条　任何个人和组织有权对危害网络安全的行为向网信、电信、公安等部门举报。收到举报的部门应当及时依法作出处理；不属于本部门职责的，应当及时移送有权处理的部门。

有关部门应当对举报人的相关信息予以保密，保护举报人的合法权益。

第二十一条　国家实行网络安全等级保护制度。网络运营者应当按照网络安全等级保护制度的要求，保障网络免受干扰、破坏或者未经授权的访问，防止网络数据泄露或者被窃取、篡改。

第二十二条　网络产品、服务应当符合相关国家标准的强制性要求。网络产品、服务的提供者不得设置恶意程序；发现其网络产品、服务存在安全缺陷、漏洞等风险时，应当立即采取补救措施，按照规定及时告知用户并向有关主管部门报告。

7.1.2《中华人民共和国消费者权益保护法》精选

第二条　消费者为生活消费需要购买、使用商品或者接受服务，其权益受本法保护；本法未作规定的，受其他有关法律、法规保护。

第三条　经营者为消费者提供其生产、销售的商品或者提供服务，应当遵守本法；本法未作规定的，应当遵守其他有关法律、法规。

第四条　经营者与消费者进行交易，应当遵循自愿、平等、公平、诚实信用的原则。

第十六条　经营者向消费者提供商品或者服务，应当依照本法和其他有关法律、法规的规定履行义务。

经营者和消费者有约定的，应当按照约定履行义务，但双方的约定不得违背法律、法规的规定。

经营者向消费者提供商品或者服务，应当恪守社会公德，诚信经营，保障消费者的合法权益；不得设定不公平、不合理的交易条件，不得强制交易。

第十八条　经营者应当保证其提供的商品或者服务符合保障人身、财产安全的要求。对可能危及人身、财产安全的商品和服务，应当向消费者做出真实的说明和明确的警示，并说明和标明正确使用商品或者接受服务的方法以及防止危害发生的方法。

第十九条　经营者发现其提供的商品或者服务存在缺陷，有危及人身、财产安全危险的，应当立即向有关行政部门报告和告知消费者，并采取停止销售、警示、召回、无害化处理、销毁、停止生产或者服务等措施。采取召回措施的，经营者应当承担消费者因商品被召回支出的必要费用。

第二十条　经营者向消费者提供有关商品或者服务的质量、性能、用途、有效期限等信息，应当真实、全面，不得作虚假或者引人误解的宣传。

经营者对消费者就其提供的商品或者服务的质量和使用方法等问题提出的询问，应当作出真实、明确的答复。

经营者提供商品或者服务应当明码标价。

第二十二条　经营者提供商品或者服务，应当按照国家有关规定或者商业惯例向消费者出具发票等购货凭证或者服务单据；消费者索要发票等购货凭证或者服务单据的，经营者必须出具。

第二十五条　经营者采用网络、电视、电话、邮购等方式销售商品，消费者有权自收到商品之日起七日内退货，且无需说明理由，但下列商品除外：

（一）消费者定作的；

（二）鲜活易腐的；

（三）在线下载或者消费者拆封的音像制品、计算机软件等数字化商品；

（四）交付的报纸、期刊。

除前款所列商品外，其他根据商品性质并经消费者在购买时确认不宜退货的商品，不适用无理由退货。

消费者退货的商品应当完好。经营者应当自收到退回商品之日起七日内返还消费者支付的商品价款。退回商品的运费由消费者承担；经营者和消费者另有约定的，按照约定。

第五十六条　经营者有下列情形之一，除承担相应的民事责任外，其他有关法律、法规对处罚机关和处罚方式有规定的，依照法律、法规的规定执行；法律、法规未作规定的，由工商行政管理部门或者其他有关行政部门责令改正，可以根据情节单处或者并处警告、没收违法所得、处以违法所得一倍以上十倍以下的罚款，没有违法所得的，处以五十万元以下的罚款；情节严重的，责令停业整顿、吊销营业执照。

第五十七条　经营者违反本法规定提供商品或者服务，侵害消费者合法权益，构成犯罪的，依法追究刑事责任。

7.1.3《中华人民共和国产品质量法》精选

第五条　禁止伪造或者冒用认证标志等质量标志；禁止伪造产品的产地，伪造或者冒用他人的厂名、厂址；禁止在生产、销售的产品中掺杂、掺假，以假充真、以次充好。

第十二条　产品质量应当检验合格，不得以不合格产品冒充合格产品。

第十三条　可能危及人体健康和人身、财产安全的工业产品，必须符合保障人体健康和人身、财产安全的国家标准、行业标准；未制定国家标准、行业标准的，必须符合保障人体健康，人身、财产安全的要求。

第十九条　产品质量检验机构必须具备相应的检测条件和能力，经省级以上人民政府市场监督管理部门或者其授权的部门考核合格后，方可承担产品质量检验工作。法律、行政法规对产品质量检验机构另有规定的，依照有关的法律、行政法规的规定执行。

第二十六条　生产者应当对其生产的产品质量负责。

产品质量应当符合下列要求：

（一）不存在危及人身、财产安全的不合理的危险，有保障人体健康和人身、财产安全的国家标准、行业标准的，应当符合该标准；

（二）具备产品应当具备的使用性能，但是，对产品存在使用性能的瑕疵作出说明的除外；

（三）符合在产品或者其包装上注明采用的产品标准，符合以产品说明、实物样品等方式表明的质量状况。

第二十七条　产品或者其包装上的标识应当真实，并符合下列要求：

（一）有产品质量检验合格证明；

（二）有中文标明的产品名称、生产厂厂名和厂址；

（三）根据产品的特点和使用要求，需要标明产品规格、等级、所含主要成分的名称和含量的，用中文相应予以标明；需要事先让消费者知晓的，应当在外包装上标明，或者预先向消费者提供有关资料；

（四）限期使用的产品，应当在显著位置清晰地标明生产日期和安全使用期或者失效日期；

（五）使用不当，容易造成产品本身损坏或者可能危及人身、财产安全的产品，应当有警示标志或者中文警示说明。

裸装的食品和其他根据产品的特点难以附加标识的裸装产品，可以不附加产品标识。

第三十一条　生产者不得伪造或者冒用认证标志等质量标志。

第三十二条　生产者生产产品，不得掺杂、掺假，不得以假充真、以次充好，不得以不合格产品冒充合格产品。

第三十三条　销售者应当建立并执行进货检查验收制度，验明产品合格证明和其他标识。

第三十四条　销售者应当采取措施，保持销售产品的质量。

第三十五条　销售者不得销售国家明令淘汰并停止销售的产品和失效、变质的产品。

第三十六条　销售者销售的产品的标识应当符合本法第二十七条的规定。

第三十七条　销售者不得伪造产地，不得伪造或者冒用他人的厂名、厂址。

第三十八条　销售者不得伪造或者冒用认证标志等质量标志。

第三十九条　销售者销售产品，不得掺杂、掺假，不得以假充真、以次充好，不得以不合格产品冒充合格产品。

7.1.4《中华人民共和国电子商务法》精选

第四条　国家平等对待线上线下商务活动，促进线上线下融合发展，各级人民政府和有关部门不得采取歧视性的政策措施，不得滥用行政权力排除、限制市场竞争。

第五条　电子商务经营者从事经营活动，应当遵循自愿、平等、公平、诚信的原则，遵守法律和商业道德，公平参与市场竞争，履行消费者权益保护、环境保护、知识产权保护、网络安全与个人信息保护等方面的义务，承担产品和服务质量责任，接受政府和社会的监督。

第九条　本法所称电子商务经营者，是指通过互联网等信息网络从事销售商品或者提供服务的经营活动的自然人、法人和非法人组织，包括电子商务平台经营者、平台内经营者以及通过自建网站、其他网络服务销售商品或者提供服务的电子商务经营者。

本法所称电子商务平台经营者，是指在电子商务中为交易双方或者多方提供网络经营场所、交易撮合、信息发布等服务，供交易双方或者多方独立开展交易活动的法人或者非法人组织。

本法所称平台内经营者，是指通过电子商务平台销售商品或者提供服务的电子商务经营者。

第十条　电子商务经营者应当依法办理市场主体登记。但是，个人销售自产农副产品、家庭手工业产品，个人利用自己的技能从事依法无须取得许可的便民劳务活动和零星小额交易活动，以及依照法律、行政法规不需要进行登记的除外。

第十二条　电子商务经营者从事经营活动，依法需要取得相关行政许可的，应当依法取得行政许可。

第十三条　电子商务经营者销售的商品或者提供的服务应当符合保障人身、财产安全的要求和环境保护要求，不得销售或者提供法律、行政法规禁止交易的商品或者服务。

第十四条　电子商务经营者销售商品或者提供服务应当依法出具纸质发票或者电子发票等购货凭证或者服务单据。电子发票与纸质发票具有同等法律效力。

第十五条　电子商务经营者应当在其首页显著位置，持续公示营业执照信息、与其经营业务有关的行政许可信息、属于依照本法第十条规定的不需要办理市场主体登记情形等信息，或者上述信息的链接标识。

前款规定的信息发生变更的，电子商务经营者应当及时更新公示信息。

第三十二条　电子商务平台经营者应当遵循公开、公平、公正的原则，制定平台服务协议和交易规则，明确进入和退出平台、商品和服务质量保障、消费者权益保护、个人信息保护等方面的权利和义务。

第三十五条　电子商务平台经营者不得利用服务协议、交易规则以及技术等手段，对平台内经营者在平台内的交易、交易价格以及与其他经营者的交易等进行不合理限制或者附加不合理条件，或者向平台内经营者收取不合理费用。

第三十七条　电子商务平台经营者在其平台上开展自营业务的，应当以显著方式区分标记自营业务和平台内经营者开展的业务，不得误导消费者。

电子商务平台经营者对其标记为自营的业务依法承担商品销售者或者服务提供者的民事责任。

7.1.5《中华人民共和国电子签名法》精选

第三条　民事活动中的合同或者其他文件、单证等文书，当事人可以约定使用或者不使用电子签名、数据电文。

当事人约定使用电子签名、数据电文的文书，不得仅因为其采用电子签名、数据电文的形式而否定其法律效力。

第四条　能够有形地表现所载内容，并可以随时调取查用的数据电文，视为符合法律、法规要求的书面形式。

第十条　法律、行政法规规定或者当事人约定数据电文需要确认收讫的，应当确认收讫。发件人收到收件人的收讫确认时，数据电文视为已经收到。

第十一条　数据电文进入发件人控制之外的某个信息系统的时间，视为该数据电文的发送时间。

第十三条　电子签名同时符合下列条件的，视为可靠的电子签名：

（一）电子签名制作数据用于电子签名时，属于电子签名人专有；

（二）签署时电子签名制作数据仅由电子签名人控制；

（三）签署后对电子签名的任何改动能够被发现；

（四）签署后对数据电文内容和形式的任何改动能够被发现。

当事人也可以选择使用符合其约定的可靠条件的电子签名。

第十四条　可靠的电子签名与手写签名或者盖章具有同等的法律效力。

第十七条　提供电子认证服务，应当具备下列条件：

（一）取得企业法人资格；

（二）具有与提供电子认证服务相适应的专业技术人员和管理人员；

（三）具有与提供电子认证服务相适应的资金和经营场所；

（四）具有符合国家安全标准的技术和设备；

（五）具有国家密码管理机构同意使用密码的证明文件；

（六）法律、行政法规规定的其他条件。

第二十条　电子签名人向电子认证服务提供者申请电子签名认证证书，应当提供真实、完整和准确的信息。

电子认证服务提供者收到电子签名认证证书申请后，应当对申请人的身份进行查验，并对有关材料进行审查。

第二十四条　电子认证服务提供者应当妥善保存与认证相关的信息，信息保存期限至少为电子签名认证证书失效后五年。

第三十二条　伪造、冒用、盗用他人的电子签名，构成犯罪的，依法追究刑事责任；给他人造成损失的，依法承担民事责任。

7.1.6《中华人民共和国企业所得税法》精选

第二条　企业分为居民企业和非居民企业。

本法所称居民企业，是指依法在中国境内成立，或者依照外国（地区）法律成立但实际管理机构在中国境内的企业。

本法所称非居民企业，是指依照外国（地区）法律成立且实际管理机构不在中国境内，但在中国境内设立机构、场所的，或者在中国境内未设立机构、场所，但有来源于中国境内所得的企业。

第四条　企业所得税的税率为25%。

非居民企业取得本法第三条第三款规定的所得，适用税率为20%。

第五条　企业每一纳税年度的收入总额，减除不征税收入、免税收入、各项扣除以及允许弥补的以前年度亏损后的余额，为应纳税所得额。

第六条　企业以货币形式和非货币形式从各种来源取得的收入，为收入总额。包括：

（一）销售货物收入；

（二）提供劳务收入；

（三）转让财产收入；

（四）股息、红利等权益性投资收益；

（五）利息收入；

（六）租金收入；

（七）特许权使用费收入；

（八）接受捐赠收入；

（九）其他收入。

第七条　收入总额中的下列收入为不征税收入：

（一）财政拨款；

（二）依法收取并纳入财政管理的行政事业性收费、政府性基金；

（三）国务院规定的其他不征税收入。

第八条　企业实际发生的与取得收入有关的、合理的支出，包括成本、费用、税金、损失和其他支出，准予在计算应纳税所得额时扣除。

第九条　企业发生的公益性捐赠支出，在年度利润总额12%以内的部分，准予在计算应纳税所得额时扣除；超过年度利润总额12%的部分，准予结转以后三年内在计算应纳税所得额时扣除。

第十条　在计算应纳税所得额时，下列支出不得扣除：

（一）向投资者支付的股息、红利等权益性投资收益款项；

（二）企业所得税税款；

（三）税收滞纳金；

（四）罚金、罚款和被没收财物的损失；

（五）本法第九条规定以外的捐赠支出；

（六）赞助支出；

（七）未经核定的准备金支出；

（八）与取得收入无关的其他支出。

第二十一条　在计算应纳税所得额时，企业财务、会计处理办法与税收法律、行政法规的规定不一致的，应当依照税收法律、行政法规的规定计算。

第二十二条　企业的应纳税所得额乘以适用税率，减除依照本法关于税收优惠的规定减免和抵免的税额后的余额，为应纳税额。

第五十二条　除国务院另有规定外，企业之间不得合并缴纳企业所得税。

第五十三条　企业所得税按纳税年度计算。纳税年度自公历1月1日起至12月31日止。

第五十五条　企业在年度中间终止经营活动的，应当自实际经营终止之日起六十日内，向税务机关办理当期企业所得税汇算清缴。

第五十六条　依照本法缴纳的企业所得税，以人民币计算。所得以人民币以外的货币计算的，应当折合成人民币计算并缴纳税款。

7.1.7《中华人民共和国个人所得税法》精选

2018年8月31日，关于修改个人所得税法的决定通过，起征点每月5000元，2018年10月1日起实施最新起征点和税率，自2019年1月1日起施行。

第一条　在中国境内有住所，或者无住所而一个纳税年度内在中国境内居住累计满一百八十三天的个人，为居民个人。居民个人从中国境内和境外取得的所得，依照本法规定缴纳个人所得税。

在中国境内无住所又不居住，或者无住所而一个纳税年度内在中国境内居住累计不满一百八十三天的个人，为非居民个人。非居民个人从中国境内取得的所得，依照本法规定缴纳个人所得税。

纳税年度，自公历一月一日起至十二月三十一日止。

第二条　下列各项个人所得，应当缴纳个人所得税：

（一）工资、薪金所得；

（二）劳务报酬所得；

（三）稿酬所得；

（四）特许权使用费所得；

（五）经营所得；

（六）利息、股息、红利所得；

（七）财产租赁所得；

（八）财产转让所得；

（九）偶然所得。

居民个人取得前款第一项至第四项所得（以下称综合所得），按纳税年度合并计算个人所得税；非居民个人取得前款第一项至第四项所得，按月或者按次分项计算个人所得税。纳税人取得前款第五项至第九项所得，依照本法规定分别计算个人所得税。

第三条　个人所得税的税率：

（一）综合所得，适用百分之三至百分之四十五的超额累进税率，如表7–1所示。

表7-1　个人所得税税率表（综合所得适用）

级数	全年应纳税所得额	税率（%）	速算扣除数
1	不超过36000元的	3	0
2	超过36000元至144000元的部分	10	210
3	超过144000元至300000元的部分	20	1410
4	超过300000元至420000元的部分	25	2660
5	超过420000元至660000元的部分	30	4410
6	超过660000元至960000元的部分	35	7160
7	超过960000元的部分	45	15160

（二）经营所得，适用百分之五至百分之三十五的超额累进税率，如表7-2所示。

表7-2　个人所得税税率表（经营所得适用）

级数	全年应纳税所得额	税率（%）
1	不超过30000元的	5
2	超过30000元至90000元的部分	10
3	超过90000元至300000元的部分	20
4	超过300000元至500000元的部分	30
5	超过500000元的部分	35

（三）利息、股息、红利所得，财产租赁所得，财产转让所得和偶然所得，适用比例税率，税率为百分之二十。

第四条　下列各项个人所得，免征个人所得税：

（一）省级人民政府、国务院部委和中国人民解放军军以上单位，以及外国组织、国际组织颁发的科学、教育、技术、文化、卫生、体育、环境保护等方面的奖金；

（二）国债和国家发行的金融债券利息；

（三）按照国家统一规定发给的补贴、津贴；

（四）福利费、抚恤金、救济金；

（五）保险赔款；

（六）军人的转业费、复员费、退役金；

（七）按照国家统一规定发给干部、职工的安家费、退职费、基本养老金或者退休费、离休费、离休生活补助费；

（八）依照有关法律规定应予免税的各国驻华使馆、领事馆的外交代表、领事官员和其他人员的所得；

（九）中国政府参加的国际公约、签订的协议中规定免税的所得；

（十）国务院规定的其他免税所得。

前款第十项免税规定，由国务院报全国人民代表大会常务委员会备案。

第五条　有下列情形之一的，可以减征个人所得税，具体幅度和期限，由省、自治区、直辖市人民政府规定，并报同级人民代表大会常务委员会备案：

（一）残疾、孤老人员和烈属的所得；

（二）因自然灾害遭受重大损失的。

国务院可以规定其他减税情形，报全国人民代表大会常务委员会备案。

第十六条　各项所得的计算，以人民币为单位。所得为人民币以外的货币的，按照人民币汇率中间价折合成人民币缴纳税款。

第十七条　对扣缴义务人按照所扣缴的税款，付给百分之二的手续费。

其他参考法规：

《中华人民共和国合同法》（略）

7.2 行政法规精选

7.2.1《中华人民共和国计算机信息系统安全保护条例》精选

第三条　计算机信息系统的安全保护，应当保障计算机及其相关的和配套的设备、设施（含网络）的安全，运行环境的安全，保障信息的安全，保障计算机功能的正常发挥，以维护计算机信息系统的安全运行。

第四条　计算机信息系统的安全保护工作，重点维护国家事务、经济建设、国防建设、尖端科学技术等重要领域的计算机信息系统的安全。

第五条　中华人民共和国境内的计算机信息系统的安全保护，适用本条例。

未联网的微型计算机的安全保护办法，另行制定。

第六条　公安部主管全国计算机信息系统安全保护工作。

国家安全部、国家保密局和国务院其他有关部门，在国务院规定的职责范围内做好计算机信息系统安全保护的有关工作。

第七条　任何组织或者个人，不得利用计算机信息系统从事危害国家利益、集体利益和公民合法利益的活动，不得危害计算机信息系统的安全。

第八条　计算机信息系统的建设和应用，应当遵守法律、行政法规和国家其他有关规定。

第十条　计算机机房应当符合国家标准和国家有关规定。

在计算机机房附近施工，不得危害计算机信息系统的安全。

第十二条　运输、携带、邮寄计算机信息媒体进出境的，应当如实向海关申报。

第十三条　计算机信息系统的使用单位应当建立健全安全管理制度，负责本单位计算机信息系统的安全保护工作。

第十六条　国家对计算机信息系统安全专用产品的销售实行许可证制度。具体办法由公安部会同有关部门制定。

第十八条　公安机关发现影响计算机信息系统安全的隐患时，应当及时通知使用单位采取安全保护措施。

第十九条　公安部在紧急情况下，可以就涉及计算机信息系统安全的特定事项发布专项通令。

7.2.2《互联网信息服务管理办法》精选

第三条　互联网信息服务分为经营性和非经营性两类。

经营性互联网信息服务，是指通过互联网向上网用户有偿提供信息或者网页制作等服务活动。

非经营性互联网信息服务，是指通过互联网向上网用户无偿提供具有公开性、共享性信息的服务活动。

第四条　国家对经营性互联网信息服务实行许可制度；对非经营性互联网信息服务实行备案制度。

未取得许可或者未履行备案手续的，不得从事互联网信息服务。

第五条　从事新闻、出版、教育、医疗保健、药品和医疗器械等互联网信息服务，依照法律、行政法规以及国家有关规定须经有关主管部门审核同意的，在申请经营许可或者履行备案手续前，应当依法经有关主管部门审核同意。

第七条　从事经营性互联网信息服务，应当向省、自治区、直辖市电信管理机构或者国务院信息产业主管部门申请办理互联网信息服务增值电信业务经营许可证（以下简称经营许可证）。

省、自治区、直辖市电信管理机构或者国务院信息产业主管部门应当自收到申请之日起60日内审查完毕，作出批准或者不予批准的决定。予以批准的，颁发经营许可证；不予批准的，应当书面通知申请人并说明理由。

申请人取得经营许可证后，应当持经营许可证向企业登记机关办理登记手续。

第八条　从事非经营性互联网信息服务，应当向省、自治区、直辖市电信管理机构或者国务院信息产业主管部门办理备案手续。办理备案时，应当提交下列材料：

（一）主办单位和网站负责人的基本情况；

（二）网站网址和服务项目；

（三）服务项目属于本办法第五条规定范围的，已取得有关主管部门的同意文件。

省、自治区、直辖市电信管理机构对备案材料齐全的，应当予以备案并编号。

第九条　从事互联网信息服务，拟开办电子公告服务的，应当在申请经营性互联网信息服务许可或者办理非经营性互联网信息服务备案时，按照国家有关规定提出专项申请或者专项备案。

第十一条　互联网信息服务提供者应当按照经许可或者备案的项目提供服务，不得超出经许可或者备案的项目提供服务。

非经营性互联网信息服务提供者不得从事有偿服务。

互联网信息服务提供者变更服务项目、网站网址等事项的，应当提前30日向原审核、发证或者备案机关办理变更手续。

第十二条　互联网信息服务提供者应当在其网站主页的显著位置标明其经营许可证编号或者备案编号。

第十三条　互联网信息服务提供者应当向上网用户提供良好的服务，并保证所提供的信息内容合法。

第十五条　互联网信息服务提供者不得制作、复制、发布、传播含有下列内容的信息：

（一）反对宪法所确定的基本原则的；

（二）危害国家安全，泄露国家秘密，颠覆国家政权，破坏国家统一的；

（三）损害国家荣誉和利益的；

（四）煽动民族仇恨、民族歧视，破坏民族团结的；

（五）破坏国家宗教政策，宣扬邪教和封建迷信的；

（六）散布谣言，扰乱社会秩序，破坏社会稳定的；

（七）散布淫秽、色情、赌博、暴力、凶杀、恐怖或者教唆犯罪的；

（八）侮辱或者诽谤他人，侵害他人合法权益的；

（九）含有法律、行政法规禁止的其他内容的。

其他参考条例：

《信息网络传播权保护条例》（略）

《网络信息传播内容生态治理规定》（略）

《网络短视频平台管理规范》（略）

《互联网视听节目服务管理规定》（略）

第 8 章

互联网营销基础知识

8.1 互联网相关术语

①MCN：MCN（Multi-Channel Network），即多频道网络，是一种新的网络经济运作模式。这种模式将不同类型和内容的PGC（专业生产内容）联合起来，在资本的有力支持下，保障内容的持续输出，从而最终实现商业的稳定变现。

最初的MCN相当于内容创作者与平台的中介，现在已经发展成为在原有经济模式基础上，为主播们提供更多协助，包含包装，营销、推广、变现等服务的专业性经纪公司或者机构。

MCN在确定品牌商需求后，对已有资源进行分配，并将任务发放至签约主播，之后再通过自身流量渠道分发作品，并从与主播、平台的合作分成、广告主提供的广告费以及粉丝的相关消费中获得收入。

②公会：对于直播行业来说公会相当于小型的娱乐经纪公司，主播相当于明星。公会主要工作就是挖掘主播、培养主播、包装主播和推广主播。主播赚钱公会也会赚钱，是一种双赢的合作模式。

③连麦：连麦是一个网络流行用语，指的是两个人同时打开麦克风互动。连麦最初是出现在语音聊天平台的一种沟通方式，现在也常见于各类直播平台。

④PK：又称PK连麦。直播时，连线其他主播，和其他主播玩游戏，输赢有奖有罚，是比较常见的直播互动，也是提升人气的方法。

⑤新媒体：一切数字化的媒体形式，包括数字化的传统媒体、手机媒体等。在现实场景中，人们所说的新媒体首要指移动属性强、交际属性强的媒体形状（微信、微博、短视频软件、直播软件等）。例如，微信公众号、新浪微博、今日头条、抖音、快手等。

⑥矩阵：运营者以运营的目标主体为核心，同步创建多个账号，增加用户数目的同时，大量且不同类型的账号可以实现满足不同用户需求，扩大受众覆盖面的效果，如公众号矩阵、短视频账号矩阵等。

⑦刷屏：大量用户在直播间内进行相似内容的发言，或在同一时段内大量用户转发或分享相似的内容。

8.2 短视频术语

①小红书视频号：小红书推出的一个功能，与视频笔记稍有不同。视频号的发布时间最长有15分钟，也会对内测视频号的作者开放创作中心以及合集功能。

②用户标签：每个用户在进入一个App时都会被打上一个标签。之后在使用的过程中，根据浏览习惯，这个标签也会发生改变。

③账号标签：平台通过账号发布的内容，经过算法会给账号一个标签，如果账号标签确定，那么在之后的运营过程中，账号发布的内容会推送给更加精准的人群。

④BGM：BGM（Background Music），即背景音乐。

⑤黄金5秒：短视频的前5秒，决定了用户是否继续观看下去，是否吸引住了用户。因此，通常会将重点内容或者高潮内容放在前几秒。

⑥个人IP：某个账号或者作者有自己的价值符号、特征。

⑦爆款视频：视频播放量突然大涨，点赞量大涨，即可成为爆款视频。一个视频成为爆款后，它整体就会被大家研究，也就是爆款模型，通过研究分析这个模型，制作出更多的爆款。

⑧完播率：视频的播放完成率。所有看短视频的用户，看完短视频的人数占总人数的百分比，完播率越高，视频质量越高。

⑨CTR：CTR（Click-Through-Rate），即点击通过率。用户点击次数占短视频总展现次数的百分比，数值越高，标题和封面越吸引人，视频质量越好。

⑩分镜：又称故事板，多个镜头拍摄组成视频。一般情况下，分镜画面主要由4个方面组成：镜号、画面、描述和时间。

⑪反转：短视频反转，指的是在一个视频中的剧情发生变化或者情景发生变化。

⑫Vlog：本意指的是视频网络日志。实际上就是把之前的图文日记变成了现在的视频内容。经常会记录博主个人的生活，心路历程或者分享干货类内容。

⑬互动数据：短视频的评论、点赞、转发、收藏、新增粉丝数、主页访问数等。

⑭短视频矩阵：一个主体拥有多个短视频账号，这些账号互相关注，互相推动。

⑮种草：为潜在消费者提供消费建议的一种行为。短视频经常看到的类型有测评、教学、分享等。

⑯薯条：小红书的付费曝光渠道。通过薯币可以让自己的笔记得到系统的曝光，获得更多的流量。

⑰叠加推荐：视频经过一段时间的推荐后，算法得出该视频质量不错，会为内容加权，继续加大曝光力度。

⑱推荐机制：视频是依靠平台的推荐机制才能展现在用户眼前。算法会将用户感兴趣的内容推送过去，同理，作者的视频也会被算法推荐给感兴趣的用户。这样才能将用户和作者两者联系起来。

8.3 直播术语

①控评：又名“控屏”，这个词是从微博流传出来，即干预评论，把微博上好的评论点赞回复使其上热评，不好的评论就要么不理要么举报使其避免出现在前列。多用来描述粉丝控制相关新闻下的评论走向，也常被用于企业出现负面舆论时。在直播间里面是指控制直播间评论区画风。一般主播会提前设置，屏蔽一些负面关键词，引导直播间的良性互动氛围。

②带节奏：和控评类似，直播运营人员会在直播间评论区带节奏，起到带头作用，引导其他用户购买产品。现在还有专门的销售助理出售该类业务，主要目的就是烘托直播间内的气氛。

③坑位费：直播间商品的固定链接费用。目前大多数电商主播都会向商家收取坑位费。一般即便是同个主播的同场直播，商品坑位费也会不一样，坑位费的变量包括商品品类和商品直播顺序。

④服务费：商家给直播机构的服务费用，一般根据直播间销售额的一定比例收取。

⑤佣金：电商主播按照直播间产品销量向商家收取一定比例的佣金，可以理解为销售提成。这个佣金和纯佣模式会有所差异，一般是额外收取。

⑥纯佣模式：电商主播不向商家收取坑位费，只收佣金。

⑦定向佣金：在淘宝联盟里，商家可以只针对单个主播的PID（PID指对应每个账户的代码，用于识别不同的淘宝客）设置佣金比例。

⑧专属利益点：只属于该主播的独家赠品、产品价格等。经常在头部主播直播间可以看到。当然，现在很多主播在直播的时候都会用这个方式做下单引导。

⑨推流：主播将本地视频源和音频源传输到服务器的过程。

⑩助播：又名“副播”，在直播间配合电商主播的助理，负责补充产品信息点、回答用户问题等。

8.4 直播数据术语

①GMV：GMV（Gross Merchandise Volume），即交易总额。一般来说，在“618”“双十一”期间披露的交易额都是GMV，这个数值会比实际成交价要高。

②客单价：平均每个顾客的成交额，计算方法：客单价=GMV/直播间有消费的顾客总数。

③ROI：ROI（Return On Investment），即投资回报率，直播间ROI的计算方法：ROI=销售额/坑位费。比如，坑位费2万元，ROI保1：2，也就是说产品销售额保4万元。

④在线人数：同一时间点，观看直播间的用户人数。

⑤人均在线时长：用户在直播间平均停留的时长。

⑥刷单：又名"补单"，指通过人工或软件下单，提高直播间销量。现在也有部分商家通过直播间进行刷单操作，用来提升商品销量。

8.5 直播产品术语

①引流款：引流款即主推吸引流量的产品。这部分商品的特点是毛利率趋于中间或较低水平，产品转化好，同样相比于类目属性环境下的竞争对手，有价格或其他方面的优势，后期可带来较大的免费流量，以及提高用户在直播间的存留时间。

②利润款：又名"高价款"，产品以盈利为出发点，利润高。利润款应适用于目标客户群体里面某一特征的人群。推广方面需要以更精准的方式进行定向推广。

③标品：具有统一市场标准的产品，价格透明，比如手机、电脑、家电等都属于标品。

④非标品：没有明确规格和型号的产品，比如女装、女鞋等。因为产品款式、创意、服务、质量不一样，价格差距大。

⑤C2M：C2M（Customer to Manufacturer），即根据销售端的用户反馈，反向指导产品生产。目前主要有两种模式：一是直播间模式，基于主播丰富的选品经验，以及对粉丝画像及消费行为的洞察，打造适配直播间粉丝的C2M产品；二是平台模式，即通过电商平台将用户端与产品生产端直连，通过大数据分析，精准获取目标群体需求，产出定制产品。

⑥SKU：SKU（Stock Keeping Unit），即最小存货单位。如果一款商品有3个颜色，相当于有3个SKU。

⑦DSR动态评分：DSR是淘宝的店铺评分，分别对应产品与描述相符度、卖家的服务态度、物流服务的质量。如果3项都是绿色，或者有一项低于4.7分，那么产品将无法在直播平台（如抖音）商品橱窗上架。

⑧专场直播：主播和品牌合作直播带货专场，即这场直播只卖该品牌产品。

⑨拼场直播：又称混场直播，主播在单场直播里带货多个品牌的产品。

8.6 平台术语

①DOU+：抖音推出的帮助主播将内容推荐给更多兴趣用户的内容加热工具。简单来说就是付费推广，可以由主播自己投钱，或由品牌商直接投钱。

②上热门：DOU+服务中的一种，抖音为主播提供的直播间加热工具。主播在直播前和直播中均可购买使用，可提升直播在推荐页的曝光率，吸引更多观众进入直播间。

③抖音小店：抖音为抖音达人提供的电商变现工具，帮助其拓宽内容变现渠道，类似淘宝店铺的性质。店铺开通后，可以在头条系的其他应用中统一展示店铺，如头条、抖音、火山等。粉丝可以分别在这些平台进行购物，完成一个闭环。开通抖音小店会根据类目需要交纳一定的保证金。

④商品橱窗：即抖音的商品分享功能，开通后可在橱窗放置商品出售，粉丝下单后能够赚取佣金。

⑤音浪：抖音的虚拟货币，用于粉丝打赏给主播。主播可以提现。

⑥巨量星图：品牌主、MCN公司和明星/达人进行内容交易的服务平台。商家可以根据需求，选择契合的已入驻抖音的明星、达人合作直播带货。当然，走星图的合作相对成本会高一些。类似于淘宝的达人平台。

⑦浮现权：主播需要满足一定条件，才能在推荐的直播频道中展示，如淘宝直播中的展示。

⑧挂榜电商：商家通过刷礼物，进入主播指定的排名内（比如前三），主播就会与其PK连麦卖货。挂榜电商是快手发源的直播带货方法，目前抖音也有类似方法。

⑨保证金：主播销售商品都需要缴纳保证金。此外，挂榜电商和主播合作时，也会有部分主播要求缴纳保证金。

⑩快币：快手的虚拟货币，用于粉丝打赏给主播。

⑪小黄车：即快手的购物功能。主播在直播间添加售卖商品后，直播间用户会在看到“小黄车”，点击可查看并购买商品。

⑫快接单：快手官方推出的客户推广需求和达人变现诉求撮合平台。客户根据推广需求选择达人，发布直播推广订单。达人接单后，通过直播形式，帮助客户实现电商下单或品牌营销等目的。

⑬技术服务费：直播间用小黄车挂淘宝商品时按照CPS方式结算，并且需要支付10%额度给阿里妈妈。

⑭渠道服务费：淘宝联盟将对通过渠道ID下所产生的淘宝客推广订单抽取渠道产品专项服务费，即有渠道ID的订单中抽取佣金的10%。比如，商品最终成交价格为100元，商家设置了20%的佣金，那代理抽取的专项服务费为$100 \times 20\% \times 10\% = 2$（元）。

⑮比价订单：通过先在购物App上找到想要的商品，然后去比价App获得返利的方式。

目前淘宝联盟做了浮动收益调整，拼多多则会取消对应佣金。

⑯内容服务费：通过内容平台（如抖音、快手、微博）推广内容商品库的订单，需要扣除内容场景服务费。比如，商品最终成交价格为100元，商家设置了20%的佣金，那淘宝客在内容CPS商品库中看到的佣金率是14%（20%-6%=14%），14%的佣金部分再按三方分成比例分成。

8.7 直播形式术语

①产业带直播：通过借助线上直播销售渠道，帮助商户拓展销售渠道，同时缓解地方过剩产能等问题，带动当地经济发展是地方政府推动企业数字化转型的重要手段。

②档口直播：在线下有实体店的商家在直播带货平台销售产品。

③产地直播：地方村民、村干部出镜，在农田、工厂等原产地附近场景开展直播。

④户外直播：电商主播没有固定的直播间，在品牌店或大型批发市场里边逛边直播带货。

⑤店铺自播：商家店铺发起的电商直播，是店铺自运营的抓手。

⑥达人直播：商家通过对自己产品的类别和特点，然后找在相关的行业中比较有名气的达人给自己的产品做直播。

⑦公域直播：主播依托于第三方平台，基于公域流量的直播，如淘宝直播、抖音直播等。

⑧私域直播：基于私域流量的直播，如小程序直播、腾讯直播等。

参考文献

[1] 张崇和. 在“互联网营销师新职业”新闻发布会上的讲话 [J]. 轻工标准与质量，2020（5）：8.

[2] 陈琳琳. 中国直播平台：现状、挑战与建议 [J]. 新经济导刊，2020（4）：44.

[3] 凯文·凯利. 必然 [M]. 周峰，董理，金阳，译. 北京：电子工业出版社，2016：339.

[4] 赵玲，高永琪. 直播带货对乡村发展的助力 [J]. 商业文化，2021（6）：50.

[5] 薛晓燕，孙天昊. 符号消费：直播带货对青年消费行为的影响 [J]. 声屏世界，2020（9）：15.